学习简析 古代汉语

朱 蕊　郭振华 著

云南大学出版社
YUNNAN UNIVERSITY PRESS

图书在版编目（CIP）数据

古代汉语学习简析/朱蕊，郭振华著.-- 昆明：
云南大学出版社，2023
ISBN 978-7-5482-4892-7

Ⅰ.①古… Ⅱ.①朱… ②郭… Ⅲ.①古汉语—高等
学校—教材 Ⅳ.①H109.2

中国国家版本馆 CIP 数据核字 (2023) 第 061342 号

策划编辑：陈　曦 / 责任编辑：普家华 / 封面设计：常继红

古代汉语学习简析
GUDAI HANYU XUEXI JIANXI

朱　蕊　郭振华　著

出版发行　云南大学出版社
印　　装　昆明理煋印务有限公司
开　　本　787mm×1092mm　1/16
印　　张　10
字　　数　129千
版　　次　2023年1月第1版
印　　次　2023年1月第1次印刷
书　　号　ISBN 9787-7-5482-4892-7
定　　价　36.00元

社　　址：云南省昆明市一二一大街182号（云南大学东陆校区英华园内）
邮　　编：650091
电　　话：（0871）65033244　65031071
网　　址：http://www.ynup.com
E-mail：market@ynup.com

若发现本书有印装质量问题，请与印厂联系调换，联系电话：0871-64167045。

目 录
CONTENTS

第一部分 文选

第二部分　古代汉语知识重点提示

第三部分　小学古诗教学设计参考

后　记 ／ 151

第一部分　文选

第一单元　神话、寓言四则

形 天

《山海经》

重点词语：

形、神、操、干、戚。

译文：

刑天和天帝争夺神的权威，天帝砍断了他的头，并把他葬在常羊山。刑天竟用两乳为双目，用肚脐作口，拿着盾牌和斧子来舞动。

女娲补天

《淮南子》

重点词语：

兼、周、燧焱、浩洋、息、颛、鸷、攫、济、淫、涸、狡、虫。

译文：

远古时代，天边的四根擎天柱倒塌，九州大地塌陷，天不能覆盖大地，大地无法承载万物。大火猛烈燃烧不能熄灭，洪水泛滥无法消退。凶猛的野兽吃掉善良的百姓，凶猛的禽鸟用爪子抓取老人和小孩。在这种情况下，女娲炼五色石来修补苍天，砍断海中巨鳌的脚来做擎天柱让天得以支撑，杀死黑龙来救助冀州，将芦灰堆积起来止住洪水。天空得以修补，天边的柱子重新竖立起来，洪水干枯，中原大地恢复了平静，凶猛的鸟兽都死了，善良的百姓存活下来。

社　鼠

《晏子春秋》

重点词语：

社、束、托、左右、蔽、权重、诛、案据、腹、有。

译文：

　　齐景公问晏子："治理国家怕的是什么？"晏子回答说："怕的是那社庙里的老鼠。"景公问："说的是什么意思？"晏子答道："说到社庙，把木头一根根并排立在一起并用泥涂抹，老鼠于是寄居在那里。用烟火熏烤则怕烧毁木头，用水灌则又怕毁坏涂泥。老鼠之所以不能被杀，是由于社庙的原因。国家也有社鼠，国君身边的小人就是。他们在朝廷内便对国君遮盖善恶，在朝廷外便向百姓卖弄权势。不除掉他们便会扰乱国家；除掉他们又受到国君的保护，包庇原谅他们。这就是国家的社鼠啊。"

蝜蝂传

柳宗元

重点词语：

负、辄、印、困、踬仆、货、厚、怠、黜、艾、危坠、魁然、名。

译文：

蝜蝂，是一种善于背东西的小虫。它在爬行中遇到东西，总是抓取过来，高高举着头背着它们。背负的东西越来越重，即使疲惫劳累也不停止。它的背很粗糙，因而物体堆积不会散落，最终它被背上的重物压得爬不起来。有的人可怜它，替它除去背上的重物，如果它还能爬行，就又像原先一样抓取物体。它又喜欢往高处爬，用尽了力气也不停止，直至跌落到地上摔死。

如今世上那些贪得无厌的人，见到财物就不避开，用来增加他们的家产，不知道会成为自己的累赘，只担心财富积存得不够多。等到他们疲惫跌倒，有的被贬斥罢官，有的被流放到边远地区，这也是痛苦不堪了。如果一旦再被起用仍不肯悔改，每天想着使自己的官位提高，使自己的俸禄增加，贪取钱财比以往更加厉害，因而面临着从高处摔下来的危险，看到前人由于极力求官贪财而自取灭亡也不知引以为戒。即使他们的外形看起来庞大，名称叫作人，可是智慧却和小虫一样，真的是太可悲了！

第一部分　文选

第二单元　《左传》

郑伯克段于鄢

《左传》

重点词语：

寤、亟、佗、不度、厌、图、犹、既而、鄙、贰、完、缮、具、卒、乘、遗、阙、施。

译文：

当初，郑武公从申国娶了一妻子，叫武姜。她生下庄公和共叔段。生庄公时，因为难产，武姜受到惊吓，因此给他取名叫"寤生"，于是武姜就厌恶他。武姜偏爱共叔段，想要立他为世子。屡次向武公请求，武公都不答应。

等到庄公即位的时候，武姜就替共叔段请求分封到制邑去。庄公说："制邑是个险要的地方，从前虢叔就死在那里，若是封给其他城邑，我都唯命是听。"武姜便请求封给太叔京邑，让他住在那里，称他为京城太叔。祭仲说："分封的都城如果城墙超过三百方丈长，那就会成为国家的祸害。先王的制度规定，国内最大的城邑不能超过国都的三分之一，中等的不得超过它的五分之一，小的不能超过它的九分之一。京邑的城墙不合法度，非法制所许，您将无法承受。"庄公说："姜氏想要这样，我怎能躲开这种祸害呢？"祭仲回答说："姜氏哪有满足的时候！不如早点给他（共叔段）安排个地方，不要让祸患滋长蔓延。一滋长蔓延就难以对付了。蔓延开来的野草尚且不能铲除干净，何况是受您宠爱的弟弟呢？"庄公说："多做不义的事情，必定会自己垮台，你姑且等着瞧吧。"

不久太叔段使原来属于郑国的西边和北边的边邑也从属于自己。公子吕说："国家忍受不了两属的局面，您打算怎么办？您如果打算把郑国交给太叔，那么我就去服侍他；如果不给，那么就请除掉他，不要使百姓们生二心。"庄公说："不用，他自己将会遭到灾祸的。"

太叔又把两属的边邑改为自己统辖的地方，一直扩展到廪延。公子吕说："可以行动了！土地扩大了，他将得到百姓的拥护。"庄公说："对君主不义，对兄长不亲，土地虽然扩大了，他也会垮台的。"

太叔修葺城墙，聚集百姓，修整盔甲武器，准备好步兵和战车，将要偷袭郑国。武姜打算开城门做内应。庄公打听到公叔段偷袭的日期，说："可以出击了！"便命令子封率领车二百乘，去讨伐京邑。京邑的人民背叛太叔段，太叔段于是逃到鄢城。庄公又追到鄢城讨伐他。五月二十三日，太叔段逃到共国。

庄公于是就把武姜安置在城颍，并且发誓说："不到黄泉（不到死后埋在地下），不再见面！"不久庄公又后悔了。

颍考叔是颍谷管理疆界的官吏，听说了这件事，就把贡品献给郑庄公。庄公赐给他饭食。颍考叔在吃饭的时候，把肉留着。庄公问他缘故，颍考叔答道："小人的母亲，我吃的东西她都尝过，只是从未尝过君王的肉羹，请允许我带回去送给她吃。"庄公说："你有母亲可以孝敬，只是我就没有！"颍考叔说："请问您这是什么意思？"庄公把原因告诉了他，并且还告诉他后悔的心情。颍考叔答道："您有什么担心的？只要挖一条隧道，挖出了泉水，在隧道中相见，谁还说您违背了誓言呢？"庄公听从了他的话。庄公走进隧道去见武姜，赋诗道："大隧之中相见啊，多么和乐相得啊！"武姜走出隧道，赋诗道："大隧之外相见啊，多么舒畅快乐啊！"于是母子和好如初。

君子说：颍考叔是位真正的孝子。孝顺自己的母亲，而且把这种孝心扩展到郑庄公身上。《诗经》说："孝子的孝心没有穷尽，应永远把它给予你的同类。"大概说的就是这种情况吧？

公孙无知之乱

《左传》

重点词语：

期、问、母弟、绌、间、田、见、袒、阶下、弑、无常、慢、师、戎路、死之。

译文：

齐襄公派连称、管至父戍守葵丘，说："到明年瓜熟季节派人替换。"一周年戍守期限到了，齐侯替换防务的命令还没有到达；请齐侯派人替换，不允许；所以两人谋划作乱。僖公的胞弟叫夷仲年，生下公孙无知，得到僖公宠信，享受的贵族待遇级别如正妻所生的长子，襄公降低他的礼遇。连称和管至父投靠他作乱。连称有个堂妹在诸侯国君的宫里，不得宠。派她伺其间隙探听消息，公孙无知说："事情成功后，我以你为正妻。"

冬十二月，齐侯在姑棼游乐，随即在贝丘打猎。发现大野猪，随从说："是公子彭生的冤魂变的。"襄公很愤怒，说："彭生竟然敢出现！"射向他。野猪像人一样站立着嚎叫。襄公害怕，从车上坠下来，伤了脚，丢失了鞋子。返回去，让费找鞋子。没有找到，便鞭打他，直到打出血。费走出来，遇见造反者，造反者要劫持捆绑他。费说："我哪里会抵抗你们呢？"脱下衣服让人看自己的背，众人相信了他。费请求先入宫做内应。他把襄公藏起来，自己与叛乱者打斗，死在了门内。石之纷如战死于堂前的台阶下。造反者于是进入屋内，杀了冒充襄公躺在床上的孟阳，说："不是君主，不像。"他们在侧室门下发现襄公的脚，随即杀了他，而拥立公孙无知。

当初，襄公在位，言行多变，政令不信。鲍叔牙说："国君役使臣民的态度轻慢，叛乱将要发生了。"便侍奉公子小白出宫投奔莒。叛乱发生后，管夷吾、召忽侍奉公子纠投奔鲁国。

当初，公孙无知暴虐于雍廪。九年春天，雍廪人杀无知。夏天，鲁庄公讨伐齐国，送公子纠入齐当国君。齐桓公自莒先回到齐国。秋天，鲁军与齐军交战于干时，鲁国军队崩溃。鲁庄公丢失了兵车，改乘其他的车子回国。秦子、梁子打着庄公的旗帜躲在下道上，因而都被俘。

鲍叔率领军队来言说："子纠，是亲属，请君主诛杀他；管仲、召忽都是齐桓公的仇人，希望得到活人，送回齐国处死，才能甘心。"于是在生窦杀了子纠。召忽自杀。管仲请求受俘，鲍叔接受他，到了堂阜便解脱他的桎梏。回去把这件事告诉齐桓公，说："管夷吾治国的才干与高傒(齐卿)不相上下，可以让他辅佐。"齐桓公听从了他的建议。

齐晋鞌之战

《左传》

重点词语：

陈、右、剪灭、介、病、始合、苟、殿、集事、险、勉、逸、从、越、丧、及、綮、属、悉、摄官、承之、如、劝。

译文：

成公二年（前589年）六月十七日，齐、晋双方军队在鞌摆开阵势。邴夏为齐侯驾车，逢丑父当为车右。晋国的解张为郤克驾车，郑丘缓当车右。齐侯说："我姑且消灭了这些人再吃早饭。"不给马披上铠甲就驱马奔驰。郤克被箭射伤，血流到了鞋上，但没有中断擂鼓，说："我伤势很重。"解张说："从一开始交战，箭就射进了我的手和肘，我折断射中的箭继续驾车，左边的车轮都被我的血染成了黑红色，我哪敢说受伤？您忍着点吧！"郑丘缓说："从一开始接战，如果遇到地势凹凸难行，我必定下去推车，您知道这些吗？不过您确实伤势很重难以支持了。"解张说："军队的耳朵听着我们的鼓声，眼睛看着我们的旗子，全军的进退都听从它。这辆车上只要还有一个人镇守，战事就可以成功。怎么能由于伤痛而败坏了国君的大事呢？穿上盔甲，手执兵器，本来就抱定了必死的决心，伤痛还不至于死，您还是努力指挥战斗吧！"解张将右手所持的辔绳并握于左手，腾出右手接过郤克的鼓槌擂鼓。张侯所驾的马狂奔起来，晋军跟随他们。齐军溃败。晋军追赶齐军，绕着华不注山追了三遍。

韩厥梦见子舆对自己说："第二天早晨避开战车左右两侧！"因此韩厥在战车居中驾车追赶齐侯。邴夏说："射那个驾车的，他是个贵族。"齐侯说："称他为贵族又去射他，这不合于礼。"射他左边的人，坠落车下；射他右边的人，倒在车里。綦毋张失去战车，跟随韩厥，说："请允许我搭你的车。"跟在左边或右边，韩厥都用肘制止他，使他站在自己身后。韩厥弯下身子，把倒在车中的车右安放稳当。

逢丑父和齐侯交换位置。将要到达华泉时，齐侯的马车被树枝等钩住。（昨天夜里）丑父睡在輴车里，有蛇从他身底出现，他以臂击蛇，手臂受伤却隐瞒了伤情，所以不能推车而被追上。韩厥手持绊马索站在齐侯的马前，拜两拜，然后下跪，低头至地，捧着一杯酒并加上一块玉璧向齐侯献上，说："我们国君派我们这些臣下为鲁、卫两国求情，他说：'不要让军队深入齐国的土地。'臣下不幸，恰巧遇到您的军队，没有地方逃避隐藏，而且怕由于我的逃避会给两国的国君带来耻辱。臣下不称职地处在战士地位，冒昧地向您报告，臣下不才，在人才缺乏的情况下担任官职。"逢丑父命令齐侯下车，往华泉去取水来给自己喝。郑周父驾着齐君的副车，宛茷担任车右，载上齐侯使他免于被俘。韩厥献上逢丑父，郤克打算杀掉他。逢丑父呼喊道："直到目前为止没有能代替自己国君承担祸难的人，有一个在这里，还要被杀死吗？"郤克说："一个人不以用死来使他的国君免于祸患为难事，我杀了他不吉利。赦免他，用他来鼓励事奉国君的人。"于是赦免了逢丑父。

宫之奇谏假道

《左传》

重点词语：

假道、启、辅车、昭、据、黍稷、馨、馆。

译文：

晋侯又向虞国借路去攻打虢国。宫之奇劝谏虞公说："虢国，是虞国的围，虢国灭亡了，虞国也一定跟着灭亡。晋国的这种贪心不能让它开个头。这支侵略别人的军队不可轻视。一次借路已经过分了，怎么可以有第二次呢？俗话说'面颊和牙床骨互相依着，嘴唇没了，牙齿就会寒冷'，这说的就是虞、虢两国互相依存的关系。"

虞公说："晋国，与我国同宗，难道会加害我们吗？"宫之奇回答说："泰伯、虞仲是大王的长子和次子，泰伯不听从父命，因此不让他继承王位。虢仲、虢叔都是王季的第二代，是文王的执掌国政的大臣，在王室中有功劳，因功受封的典策还藏在盟府中。现在虢国都要灭掉，对虞国还爱什么呢？再说晋献公爱虞，能比桓庄之族更亲密吗？桓、庄这两个家族有什么罪过？可晋献公把他们杀害了，还不是因为近亲对自己有威胁，才这样做的吗？近亲的势力威胁到自己，还要加害于他们，更何况对一个国家呢？"

虞公说："我的祭品丰盛清洁，神必然保佑我。"宫子奇回答说：

"我听说，鬼神不是随便亲近某人的，而是依从有德行的人。所以《周书》里说：'上天对于人没有亲疏不同，只是有德行的人上天才保佑他。'又说：'黍稷不算芳香，只有美德才芳香。'又说：'人们拿来祭祀的东西都是相同的，但是只有有德行的人的祭品，才是真正的祭品。'如此看来，没有德行，百姓就不和，神灵也就不享用了。神灵所凭依的，就在于德行了。如果晋国消灭虞国，崇尚德行，以芳香的祭品奉献给神灵，神灵难道会吐出来吗？"

虞公不听从宫之奇的劝阻，答应了晋国使者借路的要求。宫之奇带着全族的人离开了虞国。他说："虞国的灭亡，不要等到岁终祭祀的时候了。晋国只需这一次行动，不必再出兵了。"

冬天十二月初一那天，晋灭掉虢国，虢公丑逃到东周的都城。晋军回师途中安营驻扎在虞国，乘机突然发动进攻，灭掉了虞国。

祁奚荐贤

《左传》

重点词语：

请老、称、于是。

译文：

祁奚请求退休。晋侯问祁奚谁可接任，祁奚推荐仇人解狐。正要立解狐，解狐却死了。晋侯征求意见，祁奚推举自己的儿子祁午。正当此时，祁奚的副手羊舌职也死了。晋侯又问："谁可接任？"祁奚答道："其子羊舌赤适合。"晋侯便安排祁午做中军尉，羊舌赤佐助。有德行的人称赞祁奚，说这件事足可说明他很能推荐贤人。推举仇人，不算是谄媚；拥立儿子，不是出于偏爱；推荐直属的下级，不是为了袒护。商书说："没有偏爱，没有结党，王道坦坦荡荡，公正无私。"说的就是祁奚了。解狐被举荐，祁午接任，羊舌赤任职：立了一个中军尉而做成了三件好事，真是能举荐贤人啊。正因为自己为善，所以能举荐与自己一样的人。诗经说："惟其有之，是以似之。"祁奚真是贤德的人。

第一部分　文选

第三单元　《国语》《战国策》

邵公谏厉王弭谤

《国语》

重点词语：

谤、堪、莫、弭、壅、为、瞽、师、箴、瞍、传语、耆、艾、行、备、成、流。

译文：

周厉王暴虐，百姓纷纷议论责骂他。邵穆公对厉王说："百姓受不了您的支使命令了！"厉王听了勃然大怒，找到了卫国的巫者，派他暗中监视议论责骂自己的人。一经巫者报告给自己，就杀掉这个人。于是人们都不敢随便说话，在路上相遇，只能用目光示意。

周厉王很高兴，告诉邵公说："我能制止毁谤了，百姓再也不敢说话了。"邵公回答说："你这样是阻塞百姓的口。限制言论，比防备河水泛滥更严重。河道因堵塞而造成决口，就会伤害很多人，倘使堵住百姓的口，后果也将如此。因此治水的人只能排除壅塞而加以疏通，治理百姓的人只能善于引导而让人说话。所以君王处理政事，让三公九卿以至各级官吏进献民歌，盲艺人献呈民间乐曲，史官献呈有借鉴意义的史书，少师诵读箴言，眼中没有瞳仁的盲人朗读诗篇，有瞳仁的盲人诵读讽谏之言，各种手艺人纷纷进谏，平民通过官吏将自己的意见传达到朝廷，近侍之臣尽心规劝，君王的内亲外戚都能补其过失，纠察是非，乐师、史官用乐曲、典籍教导天子，元老重臣再进一步劝导，然后由君王斟酌取舍，付诸实施，这样国家的政事得以实行而不违背事理。百姓有口，就像大地有高山河流一样，物资财富全靠它出产；又像高原和低湿的土地都有平坦肥沃的良田一样，人类的衣食物品全靠它产出。人们用嘴巴发表议论，政事的成败得失由此体现。人们以为好的就尽力实行，以为失误的就设法预防，这样才能使衣食财物增加。人们心中所想通过嘴巴表达出来，朝廷考虑成熟就加以施行，怎么可以堵塞呢？如果堵住老百姓的嘴，那些拥护你的人还能有几个呢？"

周厉王不听，于是百姓再也不敢公开发表言论指责他。过了三年，就把他放逐到彘地去了。

赵威后问齐使

《战国策》

重点词语：

使、岁、恙、发、说、不然、本、末、处士、食、鳏、寡、孤、独、息、孝情、索。

译文：

齐王派遣使者去聘问赵威后，书信还没有启封，威后就问使者说："今年的收成没有什么灾害吧？百姓没有什么忧患吧？齐王没有什么忧患吧？"使者不高兴，说："下臣奉齐王的使命来出使威后，现在您不问齐王，反而先问年成和百姓，岂不是把贱的放在前面，把尊贵的放在后面吗？"威后说："不是这样。如果没有收成，哪里有百姓？如果没有百姓，哪里有国君？因而有所问，能不问根本而问末节的吗？"

威后进而又问他说："齐国有个处士叫钟离子，平安无事吗？这个人做人，有粮食的人给食物吃，没粮食的人也给食物吃；有衣服的人给穿，没有衣服的人也给穿。这是帮助国君供养百姓，为什么到今天不让他成就功业呢？叶阳子平安无事吗？这个人做人，怜悯那些无妻无夫的人，顾念抚恤那些无父无子的人，救济那些困苦贫穷的人，补助那些缺衣少食的人，这是帮助国君养育百姓，为什么到今天不让他成就功业？北宫氏的女儿婴儿子平安无事吗？她摘掉耳环等装饰品，到老不嫁，来

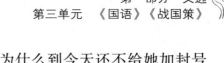

奉养父母。这是带领百姓尽孝心的人，为什么到今天还不给她加封号呢？这两个处士没有成就功业，一个孝女也不加封号，靠什么来统治齐国，做百姓的父母呢？於陵的那个子仲还在吗？这个人做人，对上不向国君称臣，对下不治理他的家，也不愿同诸侯交往，这是带领百姓无所作为的人，为什么到今天还不杀掉呢？"

江乙对荆宣王

《战国策》

重点词语：

果诚、长、逆、走、带甲、其实、犹。

译文：

楚宣王问群臣说："我听说北方诸侯都害怕昭奚恤，确实是这样的吗？"群臣没有谁能够回答。江乙回答说："老虎寻找野兽来充饥，捉到一只狐狸。狐狸对老虎说：'您不敢吃我，天帝派我掌管森林中的野兽，如果您吃掉我，就违背了上天的命令。您如果不相信我的话，我替您在前面走，您跟在我的后面，看看百兽见了我有哪一个敢不逃跑的呢？'老虎信以为真，于是就和狐狸同行，百兽见了它们都纷纷逃跑。老虎不知道百兽是害怕自己才逃跑的，以为是害怕狐狸。现在大王的国土方圆五千里，大军百万，都委托给昭奚恤。所以北方诸侯害怕昭奚恤，其实是害怕大王的军队，这就像百兽害怕老虎一样啊。"

勾践灭吴

《国语》

重点词语：

栖、贾人、资、爪牙、执事、纳、吊、昆弟、释。

译文：

越王勾践退守到会稽山上，向三军下令说："凡是我父辈兄弟和黎民百姓，只要有能够帮助我出谋划策打败吴国的，我将和他共同管理越国的政事。"大夫文种进见回答说："我听说，商人夏天的时候就准备皮货，冬天的时候就准备细葛布，天旱的时候就准备船，有大水的时候就准备车辆，就是打算在缺少这些东西的时候派上用场。即使没有被四邻侵扰的时候，然而谋臣与武士，不可不选拔出来供养他们。就像蓑笠一样，雨已经下来了，肯定要到处找。现在君王您已经退守到会稽山上了，然后才寻求出谋划策的大臣，恐怕太迟了吧？"勾践说："如果能够让我听听您的高见，又有什么晚的呢？"于是就拉着文种的手，跟他在一起商量。商量的结果是派文种去吴国议和。

于是，越王就派文种到吴国去求和。文种对吴王说："我们越国派不出有本领的人，就派了我这样无能的臣子，我不敢直接对大王您说，我私自同您手下的臣子说：我们越王的军队，不值得屈辱大王再来讨伐了，越王愿意把金玉及子女，奉献给大王，以酬谢大王的辱临。并请允许把越王的女儿给您做女奴，大夫的女儿给吴国大夫做女奴，士的女儿给吴国士做女奴，越国的珍宝也全部带来；越王将率领全国民众，编入大王的军队，一切听从大王的指挥。如果大王您认为越王的过错不能宽容，那么我们将烧毁宗庙，把妻子儿女捆绑起来，连同金玉一起投到江里，然后再带领现在仅有的五千人同吴国决一死战，那时一人就必定能抵两人用，这就等于是拿一万人的军队来对付大王您了，结果不免会使越国百姓和财物都遭到损失，岂不伤害大王所心爱的东西了吗？是情愿杀了越国所有的人，还是不花力气得到越国，请大王衡量一下，哪种有利呢？"

夫差想听取文种的建议，与越国和好。吴国大夫伍子胥进谏说："不行！吴国与越国，是世代的仇敌，经常打仗；外有三条江水环绕，老百姓没有地方迁移。有吴国就没有越国，有越国就没有吴国。这种局面将不可改变。我听说，住在陆地上的人习惯于住在陆地上，依水而居的人习惯于住在水旁。中原各国，即使我们主动进攻，把他们打败了，我们也不能长期住在那里，也不习惯乘坐他们的车子；而越国，我们主动进攻，把他们打败了，我们就能长期住在那里，也能乘坐他们的船。这是消灭越国的有利时机，千万不可失去。大王您一定要消灭越国！如果您失去这个有利的时机，以后后悔也来不及了。"越国人把八个美女打扮好，送给吴国的太宰，对他说："您如果能够让吴王赦免了我们越国的罪行，还有更漂亮的美人会送给您。"太宰就向吴王夫差进谏说："我听说，古代讨伐一个国家，对方认输也就行了；现在越国已经认输了，您还想要求什么呢！"吴王夫差就与越国订立了盟约而后让文种离开。

勾践对国人说道："我不知自己的力量不够，与吴国这样的大国作对，导致老百姓流离失所，横尸原野，这是我的罪过。我请求你们允许改变治国政策。"于是埋葬已经死去的人，慰问受伤的人，供养活着的人；谁家有忧就去慰问，谁家有喜事就去祝贺；欢送要远出的人民，欢迎回家的人民；除去人民讨厌的，补充人民缺乏的。然后恭卑地服侍夫差，派三百个士做吴王的仆人。勾践自己还亲自为夫差充当马前卒。

勾践的地域范围，南到句无，北到御儿，东到鄞，西到姑蔑，土地面积长宽达百里。又招集他的父辈兄弟和他的兄弟发誓说："我听说，古代贤明的国君，四方的老百姓都来归附他，就像水往低处流一样。现在我无能，将率领你们夫妇们繁衍生息。"于是下令：青壮年不准娶老年妇人，老年人不能娶青壮年的妻子；女孩子十七岁还不出嫁，她的父母有罪；男子二十岁还不娶妻生子，他的父母同样有罪。快要分娩的人要报告，公家派医生守护。生下男孩，公家奖励两壶酒，一条狗；生下女孩，公家奖励两壶酒，一头猪；生三胞胎，公家给配备一名乳母；生双胞胎，公家发给吃的。嫡长子死了，减免三年的赋税；庶子死了，减免三个月的赋税。埋葬的时候还一定要哭泣，就像自己的亲儿子死了一样。还下令老而无妻的人、寡妇、患病的人、贫苦和重病的人，由公家出钱供养教育他们的子女。那些明智理之士，把他的住宅打扫清洁，给他们穿漂亮的衣服，让他们吃饱饭，而切磋磨砺义理。对前来投奔的四方之士，一定在庙堂上举行宴享，以示尊重。勾践亲自用船载来稻谷和肉。越国未仕而游学年轻人，没有不供给饮食的，没有不给水喝的，还一定要问他叫什么名字。不是自己亲自耕种所得的就不吃，不是他的夫人亲自织的布就不穿。这样连续十年，国家不收赋税，老百姓都存有足够三年吃的粮食。

越国的父老兄弟都请求说："从前吴王夫差让我们的国君在各诸侯国面前丢尽了脸；现在越国也已经建立了节度，恢复了常规，请允许我们为您报仇。"勾践就推辞说："从前打败的那一仗，不是你们的罪过，是我的罪过。像我这样的人，哪里还知道什么是耻辱？请暂时不用打仗了。"父老兄弟又请求说："越国全国上下，爱戴国君您，就像爱自己的父母一样。儿子想着为父母报仇，做臣下的想着为国君报仇，难道还有敢不尽力的人吗？请求再打一仗！"勾践就答应了，于是召集将士宣誓，说："我听说古代贤明的国君，不担心自己的人力不够用，担心的是自己缺少羞耻之心。现在夫差那边穿着水犀皮制成铠甲的士卒有十万三千人，不担心自己缺乏羞耻之心，却担心他的士兵数量不够多。现在我将帮上天消灭他。我不赞成个人逞能的匹夫之勇，希望大家同进同退。前进就想到将得到赏赐，后退则想到要受到惩罚；像这样，就有合于国家规定的赏赐。前进时不服从命令，后退时没有羞耻之心；像这样，就会受到合于国家规定的刑罚。"

伐吴行动果断开始了，越国的老百姓都互相鼓励。父亲劝勉儿子，兄长勉励弟弟，妇女鼓励丈夫，说："为什么这样恩惠的君王，而可以不为他战死呢？"因此在笠泽打败了吴国，又在没（古地名）再次打败了吴国，又在吴国郊外再次打败它。于是越国就灭掉了吴国。

夫差求和说："我的军队，不值得屈辱您讨伐了。请允许我把财宝、美女进献给您来慰劳您的辱临。"勾践回答说："过去上天把越国赐予吴国，可是吴国不要；现在上天又把吴国赐予了越国，越国难道可以不听从天命，却听从您的指令吗？请允许我送你到甬江句章的东边，彼此以后仍像两个国君一样。"夫差回答说："从礼节上说，我已先有小惠于越国，你如果不忘周室，做我们吴国的保护人，这也是我所希望的。你如果说：'我将会灭了你的国家，毁了你的宗庙。'我只有请求一死，我还有什么脸面来面对天下人呢？越君你只管进入吴国居住吧。"越国就此灭了吴国。

鲁仲连义不帝秦

《战国策》

重点词语：

间、因、益、会、奈何、安在、玉貌、权、虏、醢、脯、筦键、果纳。

译文：

秦国围困赵国都城邯郸。魏安釐王派大将晋鄙将军援救赵国，但魏王与晋鄙都畏惧秦军，所以魏军驻扎在魏赵接壤的荡阴，不敢前进。

魏王派客籍将军辛垣衍，从隐蔽的小路进入邯郸，通过平原君的关系见赵王说："秦军之所以急于围攻赵国，是因为以前和齐湣王争强称帝，不久又取消了帝号；如今齐国更加被削弱，当今只有秦国称雄天下，这次围城并不是贪图邯郸，他的意图是要重新称帝。赵国果真能派遣使臣尊奉秦昭王为帝，秦王一定很高兴，就会撤兵离去。"平原君犹豫不能决断。

这时，恰逢鲁仲连客游赵国，正赶上秦军围攻邯郸，听说魏国想要让赵国尊奉秦昭王称帝，就去进见平原君说："这件事怎么办？"平原君说："我哪里还敢谈论这样的大事！前不久，在国外损失了四十万大军，而今，秦军打到国内围困邯郸，又不能使之退兵。魏王派客籍将军辛垣衍让赵国尊奉秦昭王称帝，眼下，那个人还在这儿。我哪里还敢谈论这样的大事？"鲁仲连说："以前我认为您是天下贤明的公子，今天我才知道您并不是天下贤明的公子。魏国的客人辛垣衍在哪儿？我替您去责问他并且让他回去！"平原君说："我愿为您介绍，让他跟先生相见。"

于是平原君见辛垣衍说："齐国有位鲁仲连先生，如今他就在这儿，我愿替您介绍，跟将军认识。"辛垣衍说："我听说鲁仲连先生，是齐国志行高尚的人。我是魏王的臣子，奉命出使身负职责，我不愿见鲁仲连先生。"平原君说："我已经把您在这儿的消息透露了。"辛垣衍只好应允了。

鲁仲连见到辛垣衍却一言不发。辛垣衍说："我看留在这座围城中的，都是有求于平原君的人；而今，我看先生的尊容，不像是有求于平原君的人，为什么还长久地留在这围城之中而不离去呢？"鲁仲连说："世人认为鲍焦没有博大的胸怀而死去，这种看法都错了。一般人不了解他耻居浊世的心意，认为他是为个人打算。那秦国，是个抛弃礼仪而只崇尚战功的国家，用权诈之术对待士卒，像对待奴隶一样役使百姓。如果让它无所忌惮地恣意称帝，进而统治天下，那么，我只有跳进东海去死，我不忍心做它的顺民，我所以来见将军，是打算帮助赵国啊。"辛垣衍说："先生怎么帮助赵国呢？"鲁仲连说："我要请魏国和燕国帮助它，齐、楚两国本来就帮助赵国了。"辛垣衍说："燕国，我相信会听从您的；至于魏国，我就是魏国人，先生怎么能让魏国帮助赵国呢？"鲁仲连说："魏国是因为没看清秦国称帝的祸患，才没帮助赵国。假如魏国看清秦国称帝的祸患后，就一定会帮助赵国。"辛垣衍说："秦国称帝后会有什么祸患呢？"鲁仲连说："从前，齐威王曾经奉行仁义，率领天下诸侯而朝拜周天子。当时，周天子贫困又弱小，诸侯们没有谁去朝拜，唯有齐国去朝拜。过了一年多，周烈王逝世，齐王奔丧去迟了，新继位的周显王很生气，派人到齐国报丧说：'天子逝世，如同天崩地裂般的大事，新继位的天子也得离开宫殿居丧守孝，睡在草席上，东方属国之臣田婴齐居然敢迟到，当斩。'齐威王听了，勃然大怒，骂道：'呸！您母亲原先还是个婢女呢！'最终被天下传为笑柄。齐威王之所以在周天子活着的时候去朝见，死了就破口大骂，实在是因为忍受不了新天子的苛求啊。那些做天子的本来就是这个样子，也没什么值得奇怪的。"

辛垣衍说："先生难道没见过奴仆吗？十个奴仆侍奉一个主人，难道是力气赶不上、才智比不上他吗？是害怕他啊。"鲁仲连说："唉！魏王和秦王相比，魏王像仆人吗？"辛垣衍说："是。"鲁仲连说："那么，我就让秦王烹煮魏王剁成肉酱？"辛垣衍很不高兴不服气地说："哼，先生的话，也太过分了！先生又怎么能让秦王烹煮了魏王剁成肉酱呢？"鲁仲连说："当然能够，我说给您听。从前，九侯、鄂侯、文王是殷纣的三个诸侯。九侯有个女儿长得美，把她献给殷纣，殷纣认为她长得丑，把九侯剁成肉酱。鄂侯刚直净谏，激烈辩白，又把鄂侯杀死做成肉干。文王听到这件事，只是长长地叹息，殷纣又把他囚禁在羑里监牢内一百天，想要他死。为什么和人家同样称王，最终落到被剁成肉酱、做成肉干的地步呢？

"齐湣王前往鲁国，夷维子替他赶着车子作随员。他对鲁国官员们说：'你们准备怎样接待我们国君？'鲁国官员们说：'我们打算用于副太牢的礼仪接待您的国君。'夷维子说：'你们这是按照哪来的礼仪接待我们国君，我那国君，是天子啊。天子到各国巡察，诸侯例应迁出正宫，移居别处，交出钥匙，撩起衣襟，安排几桌，站在堂下伺候天子用膳，天子吃完后，才可以退回朝堂听政理事。'鲁国官员听了，就关闭上锁，不让齐湣王入境。齐湣王不能进入鲁国，打算借道邹国前往薛地。正当这时，邹国国君逝世，齐湣王想入境吊丧，夷维子对邹国的嗣君说：'天子吊丧，丧主一定要把灵柩转换方向，在南面安放朝北的灵位，然后天子面向南吊丧。'邹国大臣们说：'一定要这样，我们宁愿用剑自杀。'所以齐湣王不敢进入邹国。邹、鲁两国的臣子，国君生前不能够好好地侍奉，国君死后又不能周备地助成丧仪，然而想要在邹、鲁行天子之礼，邹、鲁的臣子们终于拒绝齐湣王入境。如今，秦国是拥有万辆战车的国家，魏国也是拥有万辆战车的国家。都是万乘大国，又各有称王的名分，只看它打了一次胜仗，就要顺从地拥护它称帝，这就使得三晋的大臣比不上邹、鲁的奴仆、卑妾了。

"如果秦国贪心不足，终于称帝，那么，就会更换诸侯的大臣。他将要罢免他认为不肖的，换上他认为贤能的人，罢免他憎恶的，换上他所喜爱的人。还要让他的儿女和搬弄是非的姬妾，嫁给诸侯做妃姬，住在魏国的宫廷里，魏王怎么能够安安定定地生活呢？而将军您又怎么能够得到原先的宠信呢？"

于是，辛垣衍站起来，向鲁仲连连拜两次谢罪说："当初认为先生是个普通的人，我今天才知道先生是天下杰出的高士！我将离开赵国，再不敢谈秦王称帝的事了！"

秦军主将听到这个消息，为此把军队后撤了五十里。恰好魏公子无忌夺得了晋鄙的军权率领军队来援救赵国，攻击秦军，秦军也就撤离邯郸回去了。

于是平原君要封赏鲁仲连，鲁仲连再三辞让，最终也不肯接受。平原君就设宴招待他，喝到酒酣耳热时，平原君起身向前，献上千金酬谢鲁仲连。鲁仲连笑着说："杰出之士之所以被天下人崇尚，是因为他们能替人排除祸患，消释灾难，解决纠纷而不取报酬。如果收取酬劳，那就成了生意人的行为，我鲁仲连是不忍心那样做的。"于是辞别平原君走了，终身不再相见。

第一部分　文选

第四单元　《论语》《礼记》《孟子》

《论语》六章

重点词语：

省、信、习、就、杇、改是、盍、施、闻、斯、兼人、居、或、率尔、摄、加、比及、方、哂、俟、作、撰、伤、莫、喟然、与、让、安见。

译文：

吾日三省吾身

曾子说："我每天多次反省自己：替别人考虑事情有没有尽心竭力？和朋友交往有没有诚信？老师传授的知识有没有温习？"

君子食无求饱

孔子说："君子饮食不要求饱足，居住不要求舒适，在做事上勤勉说话上谨慎，接近有道的人来匡正自己，这样可以说是好学了。"

宰予昼寝

宰予白天睡觉。孔子说："腐烂的木头不可以雕刻，用脏土垒砌的墙面不堪粉刷。对于宰予这样的人，还有什么好责备的呢？"孔子又说："起初我对于人，听了他说的话就相信他的行为；现在我对于人，听了他说的话还要观察他的行为。是由于宰予的事而改变了看人的方式。"

颜渊季路侍

颜渊、季路陪在孔子身旁。孔子说："为什么不各自谈谈你们的志向呢？"子路说："愿将我的车马、衣服和朋友共同享用，用坏了也不抱怨。"颜渊说："愿做到不夸耀自己的好处，不把劳苦的事加在别人身上。"子路说："希望听听您的志向。"孔子说："使老人安享晚年，使朋友信任我，使年轻的子弟们归依我。"

闻斯行诸

子路问道："听见该做的事立刻就去做吗？"孔子说："父亲和兄长健在，怎么可以听到了就去做呢？"冉有问道："听见该做的事立刻就去做吗？"孔子说："听见了就应该立刻去做。"公西华说："仲由问'听见该做的事立刻就去做吗'时，您回答'还有父兄在，怎么可以听到了立刻就去做'。冉有问'听见该做的事就立刻就去做吗'时，您回答'听见了就应该立刻去做'。我感到迷惑，大胆地请问这是什么缘故呢？"孔子说："冉求遇事畏缩不前，所以我鼓励他勇敢进取；仲由争强好胜，所以让他冷静慎重。"

子路、曾皙、冉有、公西华侍坐

子路、曾皙、冉有、公西华陪坐在孔子身边。

孔子说："因为我比你们年长一些，人家不用我了。你们平时常说：'没有人了解我呀。'如果有人了解你们，那么你们打算怎么做呢？"

子路不假思索地回答说："一个拥有一千辆兵车的国家，夹在大国之间，加上外国军队的侵犯，接着又遇上饥荒。如果让我治理这个国家，等到三年，就可以使人人勇敢善战，而且还懂得做人的道理。"

孔子听了，微微一笑。"冉有，你怎么样？"回答说："一个方圆六七十里或五六十里的国家，如果让我去治理，等到三年，就可以使老百姓富足起来。至于礼乐教化，那就只有等待贤人君子了。" "公西华，你怎么样？"公西华回答说："我不敢说能做到什么，只是愿意学习。诸侯祭祀祖先，或者是诸侯会盟，朝见天子，我愿意穿着礼服，戴着礼帽，做一名主持赞礼的小相。" "曾皙，你怎么样？"曾皙鼓瑟的频率逐渐慢下来，铿的一声，放下瑟直起身来，回答说："我和他们三人的才能不同。"孔子说："那有什么关系呢？只不过是各自谈谈自己的志向罢了！"

曾皙说："暮春时节，春天的衣服已经做好了，我和五六位成年人，六七个少年，到沂河里洗澡，在舞雩台上吹风乘凉，唱着歌走回家。"

孔子长叹一声说："我赞成曾皙的想法呀！"

子路、冉有、公西华都出去了，曾皙最后走。曾皙问孔子："他们三个人的话怎么样？"

孔子说："也不过是各自谈谈自己的志向罢了！"

曾皙说："你为什么笑子路呢？"

孔子说："治理国家要讲理让，可他的话却一点不谦让，所以笑他。"

"难道冉有所讲的就不是治理国家的事吗？"

"怎见得方圆六七十里或五六十里的地方就不是国家呢？"

"难道公西华所讲的不是治理国家的事吗？"

"宗庙祭祀和诸侯会同之事，不是诸侯的大事又是什么呢？如果公西华只能给诸侯做一个小相，那谁能来做大事呢？"

大　同

《礼记》

重点词语：

与、蜡、宾、逮、废、疾、分、货、恶、身、谋、闭、兴、世、正、笃、睦、和、著、由。

译文：

从前孔子曾参加蜡祭陪祭者的行列，仪式结束后，出游到阙上，长叹的样子。孔子之叹，大概是叹鲁国吧！子游在旁边问："您为何感叹呢？"孔子说："大道实行的时代和夏商周三代英明杰出的人主当政的时代，我都没有赶上，可是我有志于此！

"大道实行的时代，天下是众人的。选拔道德高尚的人，推举有才能的人，讲求信用，调整人与人之间的关系，使它达到和睦。因此人们不仅仅只敬爱自己的父母，不仅仅只疼爱自己的子女，使年老的人能够得到善终，青壮年人充分施展其才能，少年儿童有使他们成长的条件和措施，老而无妻者、老而无夫者、少而无父者、老而无子者和身有残疾的人都能够得到供养，男人有职分，女子有夫家。对于财物，人们厌恶它被扔在地上的行为，但不一定都藏在自己家里；对于力气，人们恨它不从自己身上使出来，但不一定是为了自己。因此奸诈之心都闭塞而不产生，盗窃、造反和害人的事情不会兴起，因此不必从外面把门关上，是高度太平、团结的局面。

"如今大道已经消失不见，天下成为私家的。人们只敬爱自己的父母，只疼爱自己的子女，对待财务和出力都是为了自己；天子诸侯把父子相传、兄弟相传作为礼制，城外护城河作为防守设施，礼义作为准则：用礼义摆正君臣的关系，使父子关系纯厚，使兄弟关系和睦，使夫妻关系和谐，用礼义来建立制度，来建立户籍，按照礼义把有勇有谋的人当作贤者，按照礼义把自己看作有功。因此奸诈之心由此产生，战乱也由此兴起。夏禹、商汤、周文王、周武王、周成王、周公因此成为三代诸王中的杰出人物，是按照礼义从中选拔出来的。这六位杰出人物，在礼义上没有不认真对待的。以礼义表彰他们做对了事，以礼义成全他们讲信用的事，揭露他们有过错的事，把仁爱定为法式，提倡礼让。以礼义指示人们要遵循固定的规范。如果有不遵循礼义的人，在位的就会被罢免，老百姓把这当作祸害。这可以称为小小的安定。"

寡人之于国也

《孟子》

重点词语：

凶、察、加、填然、鼓、曳、直、胜食、数、罟、洿池、豚、庠序、检、罪。

译文：

梁惠王说："我对于国家，也算是尽心啦：黄河以北遭遇荒年，就把那里的百姓迁移到黄河以东，把黄河以东的粮食运到黄河以北；黄河以东遭遇荒年也是这样。观察邻国的君主处理政事，没有像我这样用心的。但邻国的百姓并不更少，我的百姓并不更多，为什么呢？"

孟子回答说："大王喜欢打仗，请允许我用打仗比喻。咚咚地击鼓进军，兵器已经互相接触，扔掉盔甲拖着兵器逃跑。有的人跑了一百步停下，有的人跑了五十步停下。凭借自己只跑了五十步，而嘲笑他人跑了一百步，您以为怎么样呢？"

惠王说："不可以。只不过没有逃跑到一百步罢了，这也同样是逃跑。"

孟子说："大王如果懂得这个道理，那不必去期望您的国家的民众比邻国增多啦。不违背农时，粮食就吃不完。密网不进池塘捕鱼，鱼鳖就不会吃完。按照季节砍伐树木，那木材便用不完。粮食和鱼鳖吃不完，木材用不完，这样就使百姓对供养活人为死者办丧事没有什么遗憾了。百姓对供养活人为死者办丧事没有遗憾，这就是王道的开端了。

"在五亩大的住宅田旁，种上桑树，五十岁的时候就可以凭此穿上丝织的衣服了。畜养鸡、猪、狗等家禽、家畜，不要错过繁殖的时节，七十岁的时候就可以吃到肉了。百亩的耕地，不要耽误它的生产季节，数口人的家庭就不会有挨饿的情况了。认认真真地兴办学校教育，把孝敬父母的道理反复讲给百姓听，头发花白的老人就不会背着或者顶着东西奔走在道路上了。七十岁的时候都能穿衣吃肉，普通百姓饿不着、冻不着，能达到这样的地步，却不能统一天下而称王的，是不曾有过的事。

"猪狗吃人所吃的食物却不加限制，路上有饿死的人(官府)却不知道打开粮仓赈救灾民，老百姓死了，就说：'这不是我的罪过，是年成不好造成的。'这种说法和拿着刀子刺人把人杀死后却说'杀死人的不是我，是兵器'有什么区别？王不要怪罪于年成，那么天下的百姓都会前来归顺了。"

子欲子之王之善与

《孟子》

重点词语：

传、咻、挞、王所。

译文：

孟子对戴不胜说："你希望你的君王贤明吗？我明白地告诉你。这里有位楚国的官员，希望他的儿子学齐国话，那么找齐国人来教，还是找楚国人来教呢？"

戴不胜回答道："找齐国人来教。"

孟子说："一个齐国人来教他，很多楚国人用楚音影响他，即使每天鞭打他要他说齐国话，是不可能的。假如带他在齐国的繁华区住上几年，即使每天鞭打他要他说楚国话，也是不可能的。你说薛居州是个很好的人，让他住在王宫中。如果在王宫里，年龄大的、年龄小的、地位低的、地位高的都是如薛居州那样的好人，那么君王同谁做不好的事呢？如果在王宫里，年龄大的、年龄小的、地位低的、地位高的都不是像薛居州那样的好人，那么君王同谁去做好事呢？一个薛居州，又能把宋王怎么样呢？"

教学相长

《礼记》

重点词语：

嘉、肴、旨、善、困、反。

译文：

虽然有美味的食物，不去品尝就不知道它的味道鲜美。虽然有最好的道理，不去学习，就不知道它的好处。所以学习之后就会知道自己的不足，教别人学以后就会知道自己的困惑。知道不足，然后就能自我反省；知道困惑，然后才能自我勉励。所以说：教与学互相促进。

许　行

《孟子》

重点词语：

踵、廛、氓、负、厉、奚、囊、易、惮烦、独、平、交、瀹、稼穑、情。

译文：

有个研究神农学说的人许行，从楚国来到滕国，走到门前禀告滕文公说："远方的人，听说您实行仁政，愿意接受一处住所做您的百姓。"滕文公给了他住所。他的门徒几十人，都穿粗麻布的衣服，靠编鞋织席为生。

陈良的门徒陈相，和他的弟弟陈辛，背了农具耒和耜从宋国来到滕国，对滕文公说："听说您实行圣人的政治主张，这也算是圣人了，我们愿意做圣人的百姓。"

陈相见到许行后非常高兴，完全放弃了他原来所学的东西而向许行学习。

陈相来见孟子，转述许行的话说道："滕国的国君，的确是贤德的君主；虽然这样，但他还是没真正认识圣人之道啊。贤君应和百姓一起耕作而取得食物，一面做饭，一面治理天下。现在，滕国有的是粮仓和收藏财物布帛的仓库，那么这就是使百姓困苦来养肥自己，哪里算得上贤呢！"

孟子问道："许先生一定要自己种庄稼然后才吃饭吗？"陈相说："是的。"孟子说："许子一定要自己织布然后才穿衣服吗？"陈相说："不，许子穿粗麻布衣。"孟子说："许子戴帽子吗？"陈相说："戴帽子。"孟子说："戴什么帽子？"陈相说："戴生绢做的帽子。"孟子说："自己织的吗？"陈相说："不，用粮食换的。"孟子说："许子为什么不自己织呢？"陈相说："对耕种有妨碍。"孟子说："许子用铁锅瓦甑做饭、用铁制农具耕种吗？"陈相说："对。"孟子说："是自己制造的吗？"陈相说："不，用粮食换的。"

孟子说："用粮食换农具炊具不算损害了陶匠铁匠；陶匠铁匠也是用他们的农具炊具换粮食，难道能算是损害了农夫吗？况且许子为什么不自己烧陶炼铁，使得一切东西都是从自己家里拿来用呢？为什么忙忙碌碌地同各种工匠进行交换呢？为什么许子这样不怕麻烦呢？"

陈相说："各种工匠的事情，本来就不可能又种地又一边干。"孟子说："那么治理天下难道就可以又种地又兼着干吗？有做官的人干的事，有当百姓的人干的事。况且一个人的生活，各种工匠制造的东西都要具备，如果一定要自己制造然后才用，这是带着天下的人奔走在道路上不得安宁。所以说：有的人使用脑力，有的人使用体力。使用脑力的人统治别人，使用体力的人被人统治；被人统治的人供养别人，统治别人的人被人供养，这是天下通行的道理。

"当唐尧的时候，天下还没有平定。大水乱流，到处泛滥。草木生长茂盛，禽兽大量繁殖，五谷都不成熟，野兽威胁人们。鸟兽践踏出来的道路，纵横交错，遍布在中原大地。唐尧暗自为此担忧，选拔舜来治理。舜派益管火，益放大火焚烧山野沼泽地带的草木，野兽就逃避躲藏起来了。舜又派禹疏通九河，疏导济水、漯水，让它们流入海中；掘通

许 行

《孟子》

重点词语：

踵、廛、氓、负、厉、奚、饔、易、悍烦、独、平、交、瀹、稼穑、情。

译文：

汝水、汉水，排除淮河、泗水的淤塞，让它们流入长江。这样一来，中原地带的人民才能够正常耕种，赖以生活。当这个时候，禹在外奔波八年，多次经过家门都没有进去，即使想要耕种，行吗？

"后稷教导百姓耕种收割，种植庄稼，庄稼成熟了，百姓得以生存繁殖。关于做人的道理，单是吃得饱、穿得暖、住得安逸却没有教化，便和禽兽近似了。唐尧又为此担忧，派契做司徒，把人与人之间应有的关系的道理教给百姓：父子之间有骨肉之亲，君臣之间有礼义之道，夫妇之间有内外之别，长幼之间有尊卑之序，朋友之间有诚信之德。唐尧说：'慰劳百姓，使他们归附，使他们正直，帮助他们，使他们得到向善之心，又随着救济他们，对他们施加恩惠。'唐尧为百姓这样担忧，还有空闲去耕种吗？

"唐尧把得不到舜作为自己的忧虑，舜把得不到禹、皋陶作为自己的忧虑。把地种不好作为自己忧虑的人，是农民。把财物分给别人叫作惠，教导别人向善叫作忠，为天下找到贤人叫作仁。所以把天下让给别人是容易的，为天下找到贤人却很难。孔子说：'尧作为君主，真伟大啊！只有天最伟大，只有尧能效法天来行事。广大辽阔啊，百姓不能用语言来形容！舜真是个得君主之道的人啊！崇高啊，拥有天下却不把它据为私有！'尧舜治理天下，难道不要费心思吗？只不过不用在耕种上罢了！

"我只听说过用中原的一切来改变边远落后地区的，没有听说过用边远落后地区的一切来改变中原的。陈良本来是楚国的人，喜爱周公、孔子的学说，由南而北来到中原学习。北方的学者还没有人能够超过他。他可以称得上是豪杰之士了。你们兄弟跟随他学习几十年，他一死，你们就背叛了他！以前孔子死的时候，门徒们都为他守孝三年，三年以后，大家才收拾行李准备回家。临走的时候，都去向子贡行礼告别，相对而哭，泣不成声，然后才离开。子贡又回到孔子的墓地重新筑屋，独自守墓三年，然后才离开。后来，子夏、子张、子游认为有若有点像孔子，便想用尊敬孔子的礼来尊敬他，他们希望曾子也同意。曾子说：'不可以。就像曾经用江汉的水清洗过，又在夏天的太阳下曝晒过，洁白无瑕。我们的老师是没有谁还能够相比的。'如今这个怪腔怪调的南蛮之人，说话诽谤先王的圣贤之道，你们却背叛自己的老师而向他学习，这和曾子的态度恰恰相反。我只听说过从幽暗的山沟飞出来迁往高大的树木的，从没听说过从高大的树木飞下来迁往幽暗的山沟的。《鲁颂》说：'攻击北方的戎狄，惩罚南方的荆舒。'周公尚且要攻击楚国这样的南方蛮子，你们却去向他学习，这简直是越变越坏了啊。

"如果顺从许子的学说，市价就不会不同，国都里就没有欺诈行为。即使让身高五尺的孩子到市集去，也没有人欺骗他。布匹和丝织品，长短相同价钱就相同；麻线和丝絮，轻重相同价钱就相同；五谷粮食，数量相同价钱就相同；鞋子，大小相同价钱就相同。"

孟子说："物品的价格不一致，是物品的本性决定的。有的相差一倍到五倍，有的相差十倍百倍，有的相差千倍万倍。您让它们平列等同起来，这是使天下混乱的做法。制作粗糙的鞋子和制作精细的鞋子卖同样的价钱，人们难道会去做精细的鞋子吗？按照许子的办法去做，便是彼此带领着去干弄虚作假的事，哪里能治理好国家！"

第一部分　文选

第五单元　先秦诸子散文

天下皆知美之为美

《老子》

重点词语：

恶、善、成、形、倾、和、随、辞、恃、弗、居、去。

译文：

　　如果天下人都知晓美的事物是美的，这就显露出丑来了；都知晓善的事物是善的，这就显露出恶来了。所以，有和无互相依存转化，难和易互相成就，长和短互相显现，高和下互相依靠，乐音与和声和谐，前和后互相跟随。因此，圣人用无为的方式做事，施行不用言语的教化，万物兴起而不干预，万物生成而不据为己有，有所作为而不凭借以自大，成就大事而不居功自傲。正因为不居功自傲，所以不会失掉功业。

天之道其犹张弓与

《老子》

重点词语：

其、抑、举、奉、处、见。

译文：

自然规律不就像把弦加在弓上吗？弓位置高的一端就压低它，低的一端则升高它；有多余钱物的就减少他，钱物不足的就给他补充。自然规律是减少多余的、补充不足的，人类社会的准则则不是这样。谁能自己有富余来供给天下呢？只有有德行的人。所以圣人有所作为却不以此为凭借，有成就而不居功。难道是为了不显示出自己的贤能吗？

逍遥游

《庄子》

重点词语：

怒、志、抟、扶摇、息、野马、芥、抢、适、果然、匹、久特、修、腾跃、泠然。

译文：

北海里有一条鱼，它的名字叫鲲。鲲的体积，不知道大到有几千里。变化成为鸟，它的名字就叫作鹏。鹏的脊背，真不知道长到有几千里，当它奋起而飞的时候，那展开的翅膀就好像天边的云。这只鹏鸟，当海动风气的时候就要迁徙到南方的大海去了。南方的大海是一个天然的大池子。《齐谐》是一部专门记载怪异事情的书。这本书上记载："鹏往南方的大海迁徙的时候，翅膀拍打水面，能激起三千里的浪涛，环绕着旋风飞上了九万里的高空，乘着六月的风离开了北海。"像春日田野上空蒸腾浮游如奔马样子的雾气，如飘飘扬扬的尘埃，都是活动着的生物的气息相互吹拂所致。天空是那么湛蓝湛蓝的，难道就是它真正的颜色吗？还是因为天空高远而看不到尽头呢？鹏鸟从高空往下看的时候，也不过就像这个样子罢了。如果聚集的水不深，那么它就没有负载一艘大船的力量了。在堂前低洼的地方倒上一杯水，一棵小草就能被当作是一艘船；放一个杯子在上面就会被粘住，这是水浅而船却大的原因。如果聚集的风不够强大的话，那么负载一个巨大的翅膀也就没有力量了。因此，鹏在九万里的高空飞行，风就在它的身下了，凭借着风力；背负着青天毫无阻挡，然后才开始朝南飞。

蝉和小斑鸠讥笑鹏说："我们奋力而飞，碰到榆树和檀树就停止，有时飞不上去，落在地上就是了。何必要飞九万里到南海去呢？"到近郊去的人，只带当天吃的三餐粮食，回来肚子还是饱饱的；到百里外的人，要用一整夜时间舂米准备干粮；到千里外的人，要聚积三个月的粮食。蝉和小斑鸠这两只小虫、鸟又知道什么呢？

小智比不上大智，短命比不上长寿。怎么知道是这样的呢？朝生暮死的菌类不知道是一天。春生夏死、夏生秋死的寒蝉，不知道一年的时光，这就是短命。楚国的南方有一种大树，它把五百年当作一个春季，五百年当作一个秋季。上古时代有一种树叫作大椿，它把八千年当作一个春季，八千年当作一个秋季，这就是长寿。可是彭祖到如今还是以年寿长久而闻名于世，人们与他攀比，岂不可悲可叹！

商汤问棘的话也是这样的："在草木不生的极远的北方，有个很深的大海，那就是天池。里面有条鱼，它的身子有几千里宽，没有人知道它有多长，它的名字叫作鲲。有一只鸟，它的名字叫作鹏。鹏的背像泰山，翅膀像天边的云。它借着旋风盘旋而上九万里，超越云层，背负青天，然后向南飞翔，将要飞到南海去。麻雀讥笑鹏说：'它要飞到哪里去呢？我一跳就飞起来，不过数丈高就落下来，在蓬蒿丛中盘旋，这也是极好的飞行了。而它还要飞到哪里去呢？'"这就是小和大的不同了。

所以，那些才智能胜任一官职的，行为能够庇护一乡百姓的，德行能投合一个君王的心意的，能力能够取得全国信任的，他们看待自己，也像上面说的那只小鸟一样。而宋荣子对这种人加以嘲笑。世上所有的人都称赞他，他并不因此就特别奋勉；世上所有的人都诽谤他，他也并不因此就感到沮丧。他认定了对自己和对外物的分寸，分辨清楚荣辱的界限，就觉得不过如此罢了。他对待人世间的一切，都没有拼命去追求。即使如此，他还是有未达到的境界。列子乘风而行，飘然自得，驾轻就熟。十五天以后返回。他对于求福的事，没有拼命去追求。这样虽然免了步行，还是有所凭借的。倘若顺应天地万物的本性，驾驭着六气的变化，遨游于无穷的境地，他还要凭借什么呢？所以说：修养最高的人能忘掉自己，修养达到神化不测境界的人无意于求功，有道德学问的圣人无意于求名。

谋　攻

《孙子兵法》

重点词语：

全、破、军、旅、卒、伍、屈、拔、久、全、顿、倍、敌、坚、隙、患、谓、权、知、虞。

译文：

孙子说：战争的原则，使敌人举国降服是上策，用武力击破敌国就次一等；使敌人全军降服是上策，击败敌军就次一等；使敌人全旅降服是上策，击破敌旅就次一等；使敌人全卒降服是上策，击破敌卒就次一等；使敌人全伍降服是上策，击破敌伍就次一等。所以，百战百胜，算不上是最高明的；不通过交战就降服全体敌人，才是最高明的。

所以，上等的军事行动是用谋略挫败敌方的战略意图或战争行为，其次就是用外交战胜敌人，再次是用武力击败敌军，最下之策是攻打敌人的城池。攻城，是不得已而为之，是没有办法的办法。制造大盾牌和四轮车，准备攻城的所有器具，起码得三个月。堆筑攻城的土山，起码又得三个月。如果将领难以抑制焦躁情绪，命令士兵像蚂蚁一样爬墙攻城，尽管士兵死伤三分之一，而城池却依然没有攻下，这就是攻城带来的灾难。所以，善用兵者，不通过打仗就使敌人屈服；不通过攻城就使敌城投降；摧毁敌国不需长期作战。一定要用全胜的策略争胜于天下，从而既不使国力兵力受挫，又获得了全面胜利的利益。这就是谋攻的方法。

所以，在实际作战中运用的原则，我十倍于敌，就实施围歼，五倍于敌就实施进攻，两倍于敌就要努力战胜敌军，势均力敌则设法分散各个击破，兵力弱于敌人，就避免作战。所以，弱小的一方若死拼固守，那就会成为强大敌人的俘虏。

将帅，国家之辅助也。辅助之谋缜密周详，则国家必然强大，辅助之谋疏漏失当，则国家必然衰弱。

所以，国君对军队的危害有三种：不知道军队不可以前进而下令前进，不知道军队不可以后退而下令后退，这叫作束缚军队；不知道军队的战守之事、内部事务而干涉三军之政，将士们会无所适从；不知道军队战略战术的权宜变化，却干预军队的指挥，将士就会疑虑。军队既无所适从，又疑虑重重，诸侯就会趁机兴兵作难。这就是自乱其军，坐失胜机。

所以，预见胜利有五个方面：能准确判断仗能打或不能打的，胜；知道根据敌我双方兵力的多少采取对策者，胜；全国上下，全军上下，意愿一致、同心协力的，胜；以有充分准备来对付毫无准备的，胜；主将精通军事、精于权变，君主又不加干预的，胜。以上就是预见胜利的方法。

所以说：了解敌方也了解自己，每一次战斗都不会有危险；不了解对方但了解自己，胜负的概率各半；既不了解对方又不了解自己，每战必败。

天论（节录）

《荀子》

重点词语：

天行、常、应、疆、养、备、动罕、薄、分、治、邪、繁启、畜、队、怪、党、平、雩、卜筮、文、晖、隆、物、因、错人。

译文（仅选译部分）：

上天的运行有一定的规律，不会因为圣君尧就存在，也不会因为暴君桀就灭亡了。以礼义来配合天就会吉祥，以暴乱来配合天就会凶险。努力农业生产而节约用度，那么天不能让人贫穷；保养周备而行动合时，那么天不能让人生病；依循礼义正道而没有什么差错，那么老天不能加祸给人。所以，水灾旱灾不能让人饥荒，冷热变化不能让人生病，自然灾害不能让人凶险。荒废农业生产而用度奢侈，那么天也不能让人富有；保养简略而行动逆时，那么天也不能让人保全；违背礼义正道而胡作非为，那么天也不能让人吉祥。所以，水灾旱灾还没来就闹饥荒了，冷热还没逼迫就生病了，自然灾害还没产生就有了凶险。这些所接受的时间和治世完全相同，然而灾殃灾祸却和治世不一样，这不可以怨天，事物的规律就是这样。所以，明了到天和人职分的不同，那就可以称得是至人了。……

治或乱，是天造成的吗？说：日、月、星、辰、瑞兆、历数，是大禹、夏桀所共同面对的；大禹天下太平，夏桀天下大乱，可见治或乱不是天造成的。治或乱，是四时造成的吗？说：农作物在春夏时候纷纷萌芽、茂盛、成长，在秋冬时结谷、蓄积、收藏，这又是大禹、夏桀所共同面对的；大禹天下太平，夏桀天下大乱，可见治或乱，不是四时造成的。治或乱，是地造成的吗？说：万物有了大地就会生长，万物没了大地就会死亡，这又是大禹、夏桀所共同面对的，可见治或乱，不是地造成的。……

陨星坠落，林木怪鸣，国人都十分恐惧。问：这是怎么回事呢？说：这没有什么，这不过是天地的变动，阴阳的变化，事物少出现的现象罢了。觉得奇怪可以，感到畏惧那就不对了。太阳月亮有亏蚀的现象，风雨有不合时的情况，怪星偶然出现，这是没有那个世代不曾出现过的。在上位者贤明而政治清平，那么即使是同时兴起，也没什么伤害。在上位者昏暗而政治险酷，那么即使没有一项出现，也没有什么助益。星辰坠落，林木怪鸣，是天地变动，阴阳变化，事物少出现的现象罢了。觉得奇怪可以。感到畏惧那就不对了。

五蠹（节录）

《韩非子》

重点词语：

胜、作、燧、期、修、法、论、世、株、冀、实、养、行、累、茅茨、斫、让、多、累世、轻辞、饟、穰岁、鄙、士、诛、怀、上、干、逐、持、息、行。

译文：

上古时代，人民少，可是禽兽却很多，人类受不了禽兽虫蛇的侵害。有位圣人出现了，在树上架木做巢居住来避免兽群的侵害，人民很爱戴他，便推举他做帝王，称他为有巢氏。当时人民吃野生植物的果实和蚌肉蛤蜊，有腥臊难闻的气味，伤害肠胃，人民疾病很多。有位圣人出现了，钻木取火来消除食物的腥臊，人民很爱戴他，便推举他做帝王，称他为燧人氏。中古时代，天下发大水，鲧和禹疏导了入海的河流。近古时代，夏桀和商纣残暴淫乱，商汤和周武王起兵讨伐。如果有人在夏朝还在树上架木筑巢，还钻木取火，一定会被鲧、禹耻笑了；如果有人在商朝还尽全力去疏导河流，一定会被商汤、周武王耻笑了。这样说来，那么如果有人在今天还赞美尧、舜、汤、武、禹的政治措施，一定会被新的圣人耻笑了。因此圣人不要求效法古代，不取法所谓永久适用的制度，而应研究当前的社会情况，并根据它制定符合实际的

古代汉语学习简析

措施。有个耕田的宋国人，田里有个树桩子，一只奔跑的兔子撞在树桩上，碰断脖子死了；这个人便因此放下手里翻土的农具，守在树桩子旁边，希望再捡到死兔子，兔子不可能再得到，可是他本人却被宋国人笑话。现在的帝王若是想要用古代帝王的政策来治理现在的人民，都是和守株待兔的蠢人相类似的人。

古时男子不须耕种，野生的果实就足够食用；妇女不须纺织，禽兽的毛皮就足够穿着。不需要做费力的事，给养就很充足，人民少但财物有多余，所以人民之间不争斗。因此不需实行厚赏，不用采取重罚，人民的生活自然安定。而如今一个人有五个儿子不算多，每个儿子又有五个儿子，这样祖父没死就有了二十五个孙子。因此人民多而财物缺少，干体力活干得很劳累，可是给养还是很少，所以人民发生争斗。即使加倍奖赏和加重惩罚，还是不能避免纷乱。

尧统治天下的时候，他的住房简陋，茅草盖的屋顶都不加修剪，栎木做的椽子都不加砍削；吃粗糙的粮食，喝野菜煮的羹；冬天穿小鹿皮做的袍子，夏天穿葛布做的衣服；即使看门人，穿的吃的都不会比这更差了。禹统治天下的时候，亲自拿了农具干活，给百姓带头，累得大腿上没有肌肉，小腿上不长毛；即使奴隶的劳动都不会比这更苦了。按这样的情况推论，古代让出天子地位的人，好比是脱离看门人的生活，摆脱奴隶的劳苦，所以把天下传给别人并不值得称赞。今天的县官，一朝死了，子孙世世代代还可乘车，所以人们看重官职。因此人们对于让位的事，可以轻易辞去古代天子的地位，却难以丢掉县令的地位，其原因是利益大小的实际情况不相同。在山上居住却要下到溪谷打水的人，在节日都把水作礼物相互赠送；在沼泽低洼地区居住苦于水患的人，却要雇工开挖渠道排水。所以荒年的春天，自己的小弟弟来了也不供饭；丰年秋收时，疏远的客人也招待他吃饭。这不是疏远骨肉兄弟而爱护过路客人，而是由于粮食多少的实际情况不相同。因此，古人轻视财物，不是什么仁爱，只是因为财物多；人们的争夺，也不是小气，只因财物太少。古人轻易辞掉天子，不是品德高尚，是因为权势微薄；今人看重并争取做官和依附权势，不是品格卑下，是因为权势太重。所以圣人要研究财物多少、考虑权势大小来制定他的政策。所以说古代刑罚轻不算仁慈，责罚严也不算残暴，要适应社会习俗而行事。因此，情况随着不同时代而发展，政策措施也要适应不断发展的情况。

　　古时周文王住在丰、镐一带，土地只有百里见方，施行仁义的政治，用安抚的手段使西戎归附了自己，终于统一了天下。徐偃王住在汉水以东，土地有五百里见方，施行仁义的政治，向他献地朝贡的国家有三十六国；楚文王怕他危害到自己，起兵攻打徐国，便灭掉了它。所以周文王施行仁义的政治终于统治天下，徐偃王施行仁义的政治却亡掉了自己的国家，这说明仁义的政治只适用于古代而不适用于今天。所以说：时代变了，情况也变了。在舜统治天下的时候，苗族不归顺，禹准备去征伐它。舜说："不行。崇尚德教还做得不够就施行武力，这不是治国的方法。"于是用了三年时间进行德教，手持盾牌大斧等兵器作为道具跳起舞来，苗族才归顺了。在共工战斗的时候，短兵器都能及敌人之身，铠甲不坚固就会伤到身体，这说明持盾牌大斧跳舞来降服敌人的办法只适用于古代，而不适用于今天。所以说：情况变了，措施也要变。上古时在道德上争胜，中世时在智谋上角逐，便在军事实力上竞争了。齐国准备进攻鲁国，鲁国派子贡去说服齐国。齐国人说："你的话不是说得没有道理，可是我想要的是土地，不是你这些话所说的道理。"便起兵攻打鲁国，直到距离鲁国都门十里的地方划为边界线。所以说偃王施行仁义而徐国灭亡了，子贡机智善辩而鲁国的国土削减了。从这方面来讲，施行仁义和机智善辩，都不是用来维持国家的办法。抛掉偃王的仁义，废弃子贡的机变，凭借徐国、鲁国自己的实力，用来抵抗拥有万辆兵车的大国，那么齐、楚两国的欲望就不可能在徐、鲁两国得逞了。

去 私

《吕氏春秋》

重点词语：

覆、载、烛、为。

译文：

天的覆盖没有偏私，地的承载没有偏私，日月照耀四方没有偏私，四季的运行没有偏私。它们各自施行各有的恩德，所以万物才得以生长。

尧有十个儿子，但是不把王位传给他的儿子却传给了舜；舜有九个儿子，但不传位给他的儿子却传给了禹。他们最公正了。

晋平公向祁黄羊询问道："南阳没有县令，谁可以担当这个职务呢？"祁黄羊回答说："解狐可以。"平公说："解狐不是你的仇人吗？"祁黄羊回答说："您是问可不可以，没有问谁是我的仇人。"平公说："说得好。"于是任用了解狐，国人都对此说好。过了一段时间，平公又问祁黄羊说："国家没有尉，谁可以担当这个职位？"祁黄羊回答道："祁午可以。"平公说："祁午不是你的儿子吗？"祁黄羊说："您是问可不可以，没有问谁是我的儿子。"平公说："说得好。"于是又任用了祁午，国人对此说好。孔子听说了这件事说道："祁黄羊的说法好！推举外人不避开仇人，推举家里人不避开儿子。"

祁黄羊可以说是最公正的了。

墨家有个大师腹䵍，住在秦国，他的儿子杀了人，秦惠王对他说："先生年纪已大，又没有其他儿子了；我已经下令有关官员，不杀您的儿子，先生在这件事上就听我的吧。"腹䵍回答说："墨家的法规说：'杀人的处死，伤人的给予刑罚。'这是用来制止杀伤人命的。禁止杀伤人命，这是天下的大道义。大王您虽然给予宽恕，下令有关官员不杀他，我腹䵍不可以不奉行墨家的法度。"腹䵍没答应惠王，于是处死了他的儿子。儿子是人们偏爱的，忍痛割爱而奉行天下的大道义，这位大师可以说是公正的人。

厨师调制饮食但不敢自己吃，所以才可以做厨师。如果是厨师烹调食物却自己吃了，就不能用他当厨师了。当王、伯的人也是这样。诛杀残暴的人但不私吞他们的财产，而是将其分封给天下的贤人，所以才可以当王、伯。如果是当王、伯的人诛杀残暴的人而去私占他们的财产，那也就不能当王、伯了。

第一部分　文选

第六单元　西汉至宋代散文

鸿门宴

《史记》

重点词语：

行、略、军、旦日、幸、具、急、内、料、背、游、要、倍德、蚤、戮、郤、数、不者、翼、迫、斗卮、啗、细说、窃、如、顾、让、俎、会、置、度、竖子、立。

译文：

楚军即将要夺取关中。到达函谷关，有刘邦的军队把守，不能进入。又听说刘邦已经攻破咸阳。项羽非常恼火，就攻破函谷关。于是项羽进入关中，到达戏水之西。刘邦在霸上驻军，还没有能和项羽相见。刘邦军队中掌管军政的曹无伤派人对项羽说："刘邦想要在关中称王，让子婴做丞相，珍宝应有尽有。"项羽很生气，说："明天犒劳士兵，替我打败刘邦的军队！"这时候，项羽的军队四十万，在新丰鸿门；刘邦的军队十万，在霸上。范增劝告项羽："沛公在崤山以东的时候，对钱财货物贪恋，喜爱美女；现在进了关，不掠取财物，不迷恋女色，这说明他的志向不在小处。我叫人观望他那里的云气，都是龙虎的形状，呈现五彩的颜色，这是天子的云气呀！赶快攻打，不要错过机会。"

楚军的左尹项伯，是项羽的叔父，一向同张良交好。张良这时正跟随着刘邦。项伯于是连夜骑马跑到刘邦的军营，私下会见张良，把事情详细地告诉了他，想叫张良和他一起离开，说："不要和他们一起死了。"张良说："我替韩王护送沛公入关，现在沛公遇到危急的事，逃走是不守信义的，不能不告诉他。"于是张良进去，详细地告诉了刘邦。刘邦大惊，说："这件事怎么办？"张良说："是谁给大王出这条计策的？"刘邦说："一个浅陋无知的小人劝我说：'守住函谷关，不要放诸侯进来，秦国的土地可以全部占领而称王。'所以就听了他的话。"张良说："估计大王的军队足以比得上项王的吗？"刘邦沉默了一会儿，说："当然比不上啊！这又将怎么办呢？"张良说："请让我去告诉项伯，说沛公不敢背叛项王。"刘邦说："你怎么和项伯有交情？"张良说："秦朝时，他和我交往，项伯杀了人，我使他活了下来；现在事情危急，因此他特意来告知我。"刘邦说："他和你年龄谁大谁小？"张良说："比我大。"刘邦说："你替我请他进来，我要像对待兄长一样对待他。"张良出去，邀请项伯。项伯就进去见刘邦。刘邦捧上一杯酒向项伯祝酒，和项伯约定结为儿女亲家，说："我进入关中，一点东西都不敢据为己有，登记了官吏、百姓，封闭了仓库，等待将军到来。派遣将领把守函谷关的原因，是为了防备其他盗贼进来和意外的变故。我日夜盼望将军到来，怎么敢反叛呢？希望您全部告诉项王我不敢背叛恩德。"项伯答应了，告诉刘邦说："明天早晨不能不早些亲自来向项王道歉。"刘邦说："好。"于是项伯又连夜离去，回到军营里，把刘邦的话报告了项羽，趁机说："沛公不先攻破关中，你怎么敢进关来呢？现在人家有了大功，却要攻打他，这是不讲信义。不如趁此好好对待他。"项羽答应了。

　　刘邦第二天早晨使一百多人骑着马跟从他来见项羽。到了鸿门，向项羽谢罪说："我和将军合力攻打秦国，将军在黄河以北作战，我在黄河以南作战。但是我自己没有料到能先进入关中，灭掉秦朝，能够在这里又见到将军。现在有小人的谣言，使您和我发生误会。"项羽说：
"这是沛公的左司马曹无伤说的。如果不是这样，我怎么会这么生气？"
项羽当天就留下刘邦，和他饮酒。项羽、项伯朝东坐，亚父朝南坐。亚
父就是范增。刘邦朝北坐，张良朝西陪坐。范增多次向项羽使眼色，再
三举起他佩戴的玉玦暗示项羽。项羽沉默着没有反应。范增起身，出去
召来项庄，说："君王对待他人仁慈。你进去上前为他敬酒，敬酒完毕，
请求舞剑，趁机把沛公杀死在座位上。否则，你们都将被他俘虏！"项
庄就进去敬酒。敬完酒，说："君王和沛公饮酒，军营里没有什么可以
用来作为娱乐的，请让我舞剑。"项羽说："好。"项庄拔剑起舞，项
伯也拔剑起舞，张开双臂像鸟张开翅膀那样用身体掩护沛公，项庄无法
刺杀沛公。

　　于是张良到军营门口找樊哙。樊哙问："今天的事情怎么样？"张
良说："很危急！现在项庄拔剑起舞，他的意图常在沛公身上啊！"樊
哙说："这太危急了，请让我进去，跟他同生死。"于是樊哙拿着剑，
持着盾牌，冲入军门。持戟交叉守卫军门的卫士想阻止他进去，樊哙侧
着盾牌撞去，卫士跌倒在地上，樊哙就进去了，掀开帷帐朝西站着，瞪
着眼睛看着项羽，头发直竖起来，眼角都裂开了。项羽握着剑挺起身
问："客人是干什么的？"张良说："是沛公的参乘樊哙。"项羽说：
"壮士！赏他一杯酒。"左右就递给他一大杯酒，樊哙拜谢后，起身，
站着把酒喝了。项羽又说："赏他一条猪前腿。"左右就给了他一条未
煮熟的猪前腿。樊哙把他的盾牌扣在地上，把猪腿放在盾上，拔出剑来
切着吃。项羽说："壮士！还能喝酒吗？"樊哙说："我死都不怕，一
杯酒有什么可推辞的？秦王有虎狼一样的心肠，杀人惟恐不能杀尽，处
罚唯恐不能用尽酷刑，所以天下人都反叛了他。怀王曾和诸将约定：
'先打败秦军进入咸阳的人封作关中王。'现在沛公先打败秦军进了咸

阳，一点儿东西都不敢动用，封闭了宫室，军队退回到霸上，等待大王到来。特意派遣将领把守函谷关的原因，是为了防备其他盗贼的进入和意外的变故。这样劳苦功高，没有得到封侯的赏赐，反而听信小人的谗言，想杀有功的人，这是将已亡的秦朝的作为延续罢了。我自己认为大王不采取这种做法好。"项羽没有话回答，说："坐。"樊哙挨着张良坐下。坐了一会儿，刘邦起身上厕所，趁机把樊哙叫了出去。

刘邦出去后，项羽派都尉陈平去叫刘邦。刘邦说："现在出来，还没有告辞，这该怎么办？"樊哙说："做大事不必顾及小节，讲大礼不需躲避小责备。现在人家正好比是菜刀和砧板，我们则好比是鱼和肉，还辞别什么呢？"于是就决定离去。刘邦就让张良留下来道歉。张良问："大王来时带了什么东西？"刘邦说："我带了一对玉璧，想献给项羽；一双玉斗，想送给亚父。正碰上他发怒，不敢亲自献上。您替我把它们献上去吧。"张良说："好。"这时候，项羽的军队驻在鸿门，刘邦的军队驻在霸上，相距四十里。刘邦就留下车辆和随从人马，独自骑马脱身，和拿着剑和盾牌的樊哙、夏侯婴、靳彊、纪信四人徒步逃跑，从郦山脚下，取道芷阳小路走。刘邦对张良说："从这条路到我们军营，不过二十里罢了。估计我回到军营里，您就进去。"刘邦离去后，从小路回到军营里。张良进去辞别，说："沛公禁不起多喝酒，不能当面告辞。让我奉上白璧一双，拜两拜敬献给大王；玉斗一双，拜两拜献给大将军。"项羽说："沛公在哪里？"张良说："听说大王有意要责备他，脱身独自离开，已经回到军营了。"项羽就接受了玉璧，把它放在座位上。亚父接过玉斗，放在地上，拔出剑来敲碎了它，说："唉！这小子不值得和他共谋大事！夺项王天下的人一定是刘邦。我们都要被他俘虏了！"刘邦回到军中，立刻杀死了曹无伤。

孙　膑

《史记》

重点词语：

阴、使、疾、如、奇、弟、临质、进、将、纷纠、批亢、走、既已、趣、陕、斫。

译文：

孙武死后，过了一百多年又有孙膑。孙膑出生在阿、鄄之间，也是孙武的后世子孙。孙膑曾与庞涓一起学习兵法。庞涓为魏国做事，因而当上魏惠王的将军，但自认才能不如孙膑，便暗地派人召见孙膑。孙膑到了魏国，庞涓唯恐孙膑超过自己，嫉妒他，而以刑罚砍去他的双脚并施以墨刑，想使他埋没于世不为人知。齐国的使臣来到大梁，孙膑以犯人的身份秘密地会见了齐使，进行游说。齐国的使臣认为他是个难得的人才，就偷偷地用车把他载回齐国。齐国将军田忌不仅赏识他而且还像对待客人一样对待他。

田忌经常跟齐国贵族子弟赛马，下很大的赌注。孙膑发现他们的马脚力都差不多，可分为上、中、下三等。于是孙膑对田忌说："你尽管下大赌注，我能让你取胜。"田忌信以为然，与齐王和贵族子弟们比赛下了千金的赌注。到临场比赛，孙膑对田忌说："现在用您的下等马对付他们的上等马，拿您的上等马对付他们的中等马，让您的中等马对付他们的下等马。"三次比赛完了，田忌败了一次，胜了两次，终于赢得了齐王千金赌注。于是田忌就把孙膑推荐给齐威王。威王向他请教兵法后，就把他当作老师。

后来魏国攻打赵国，赵国形势危急，向齐国求救。齐威王打算任用孙膑为主将，孙膑辞谢说："受过酷刑的人，不能任主将。"于是就任命田忌做主将，孙膑做军师，坐在带篷帐的车里，暗中谋划。田忌想要率领救兵直奔赵国，孙膑说："想解开乱丝的人，不能紧握双拳生拉硬扯；解救斗殴的人，不能卷进去胡乱搏击。要扼住争斗者的要害，争斗者因形势限制，就不得不自行解开。如今魏赵两国相互攻打，魏国的精锐部队必定在国外精疲力竭，老弱残兵在国内疲惫不堪。你不如率领军队火速向大梁挺进，占据它的交通要道，冲击它正当空虚的地方，魏国肯定会放弃赵国而回兵自救。这样，我们一举解救了赵国之围，而又可坐收魏国自行挫败的效果。"田忌听从了孙膑的意见。魏军果然离开邯郸回师，在桂陵地方交战，魏军被打得大败。

十三年后，魏国和赵国联合攻打韩国，韩国向齐国告急。齐王派田忌率领军队前去救援，径直进军大梁。魏将庞涓听到这个消息，率师撤离韩国回魏，而齐军已经越过边界向西挺进了。孙膑对田忌说："那魏军向来凶悍勇猛，看不起齐兵，齐兵被称作胆小怯懦；善于指挥作战的将领，就要顺应着这样的趋势而加以引导。兵法上说，用急行军走百里和敌人争利的，有可能折损上将军；用急行军走五十里和敌人争利的，可能有一半士兵掉队。命令军队进入魏境先砌为十万人做饭的灶，第二天砌为五万人做饭的灶，第三天砌为三万人做饭的灶。"庞涓行军三日，特别高兴地说："我本来就知道齐军胆小怯懦，进入我国境才三天，开小差的就超过了半数啊！"于是放弃了他的步兵，只和他轻装精锐的部队日夜兼程地追击齐军。孙膑估计他的行程，当晚可以赶到马陵。马陵的道路狭窄，两旁又多是峻隘险阻，适合埋伏军队。孙膑就叫人砍去树皮，露出白木，写上："庞涓死于此树之下。"于是命令一万名善于射箭的齐兵，隐伏在马陵道两边，约定说："晚上看见树下火光亮起，就万箭齐发。"庞涓当晚果然赶到砍去树皮的大树下，看见白木上写着字，就点火照树干上的字，上边的字还没读完，齐军伏兵就万箭齐发，魏军大乱，互不接应。庞涓自知无计可施，败成定局，就拔剑自刎，临死说："倒成就了这小子的名声！"齐军就乘胜追击，把魏军彻底击溃，俘虏了魏国太子申回国。孙膑也因此名扬天下，后世社会上流传着他的《兵法》。

张骞传（节录）

《汉书》

重点词语：

事、道、更、募、径、传、属、通、诚、发、致、臣、穷急、身、市、可、少、赂遗、辄、当、候、希。

译文：

张骞是汉中人。建元年间被任命为郎官。那时匈奴投降过来的人说匈奴攻破月氏王，并且用月氏王的头颅做酒器。月氏因此逃避而且怨恨匈奴，就是苦于没有人和他们一起打击匈奴。汉王朝正想从事消灭匈奴的战争，听说此言，就想派人出使月氏，可匈奴国又是必经之路，于是就招募能够出使的人。张骞以郎官的身份应募出使月氏。与堂邑氏的奴仆甘父一起离开陇西。途经匈奴，被匈奴人截获，用传车送到单于那里。单于说："月氏在我的北边，汉朝人怎么能往那儿出使呢？我如果想派人出使南越，汉朝肯任凭我们的人经过吗？"扣留张骞十多年，给他娶妻，并生了儿子，然而张骞仍持汉节不失使者身分。

因居住在匈奴西部，张骞趁机带领他的部属一起向月氏逃亡。往西跑了几十天，到了大宛。大宛听说汉朝财物丰富，想和汉朝交往可找不到机会，见到张骞非常高兴，问他要到哪里去。张骞说："替汉朝出使月氏，而被匈奴封锁道路，不让通行，现在逃亡到贵国，希望大王能派人带路，送我们去。假如能够到达月氏，我们返回汉朝后，汉朝送给大王的财物，一定多得不可尽言。"大宛认为可以，就送他们去，并为他们派遣了翻译和向导，送到康居。康居用传车将他们送到大月氏。这时，原来的大月氏王已被匈奴所杀，立了他的夫人为王。大月氏已经使大夏臣服并统治着它。他们那里土地肥沃，出产丰富，没有侵扰，心境悠闲安乐，又自认为距离汉朝遥远而不想亲近汉朝，全然没有向匈奴报仇的意思。张骞从月氏到大夏，始终得不到月氏王明确的表示。逗留一年多后，只得返程。沿着南山，想从羌人居住的地方回到汉朝，又被匈奴截获。扣留一年多，碰巧单于死了，匈奴国内混乱，张骞便带着他匈奴籍的妻子以及堂邑甘父一起逃跑回到了汉朝。朝廷授予他太中大夫官职，堂邑甘父也当上了奉使君。

张骞这个人性格坚强而有毅力，度量宽大，对人讲信用，蛮人很喜爱他。堂邑甘父是匈奴人，善于射箭，处境窘迫的时候就射捕禽兽来供给食用。当初，张骞出发时有一百多人，离汉十三年，只有他们二人得以回还。

张骞亲身到过的地方有大宛、大月氏、大夏、康居等国，并且听说了这些国家邻近的五六个大国的情况。他向皇帝一一禀告了这些地方的地形和物产。张骞所说的话都记载在《西域传》中。

张骞说："我在大夏时，见到邛崃山出产的竹杖和蜀地出产的布。我问他们是从哪里得到这些东西的，大夏人说：'我们的商人去身毒国买来的。身毒国在大夏东南大约几千里的地方。他们的习俗是定土而居，和大夏一样，但地势低湿暑热，他们的百姓骑着大象作战。他们的国土靠近恒河呢。'以我推测地理方位看，大夏离汉朝一万二千里，在西南边。现在身毒又在大夏东南几千里，有蜀地的东西，这就表明身毒大概离蜀地不远了。现在出使大夏，要经过羌人居住的地方，路不好走，羌人讨厌我们；稍微往北，就会被匈奴抓获；从蜀地去，该会是直路，又没有干扰。"皇帝知道了大宛及大夏、安息等国都是大国，有很多珍奇宝物，又是定土而居，差不多和汉朝的习俗相同，而且兵力弱小，又看重汉朝的财物；他们的北面就是大月氏、康居等国，兵力强大，可以用赠送财物、施之以利的办法让他们来朝拜汉朝。假如能够不用武力而施用恩谊使他们归附汉朝的话，那就可以扩展很多领土，一直到达要经过多次辗转翻译才能听懂话的远方，招来不同习俗的人，在四海之内遍布威望和恩德。皇帝非常高兴，认为张骞的话很对。于是命令由蜀郡、犍为郡派出秘密使者，四条路线一同出发：从冉駹，从莋都，从徙和邛都，从僰，各路都走了一二千里。往北路去的使者被氐、莋阻拦住了，南去的使者又被嶲、昆明阻拦住了。昆明的少数民族没有君王，喜欢抢劫偷盗，总是杀害和抢劫汉朝使者，始终没有人能够通过。但听说昆明的西边大约一千多里路有一个骑象的国家，名叫滇越，而蜀郡商贾私自贩运货物的有人到过那里。于是汉朝由于探求通往大夏的道路才和滇越国有了往来。当初，汉朝想和西南各民族往来，但麻烦很多，就停止了。直到张骞说可以由此通往大夏，才又开始从事和西南各民族建立关系。

　　张骞以校尉的身份随从大将军卫青攻打匈奴，他知道水源和有牧草的地方，军队能够因此减少困乏，于是朝廷封张骞为博望侯。这一年是元朔六年。又过了两年，张骞担任卫尉，与李广一起从右北平出发攻打匈奴。匈奴围住了李将军，军队损失逃亡的很多，张骞由于晚于约定的日期到达，判处斩头，他用爵位赎免死罪，成为普通平民。这一年，骠骑将军攻破匈奴西部，杀敌几万人，一直打到了祁连山。这年的秋天，浑邪王率领部下投降了汉朝，因而金城、黄河以西沿着南山直到盐泽一带无人居住，没有匈奴侵扰。匈奴常有侦察人员到这一带来，然而人数很少了。又过了两年，汉朝把单于打跑到漠北去了。

皇帝多次问张骞有关大夏等国的情况。张骞已经失去爵位，就回答说："我居住在匈奴时，听说乌孙王叫昆莫。昆莫的父亲难兜靡本来与大月氏都在祁连和敦煌之间，是个小国。大月氏攻击并杀掉了难兜靡，夺取了他的土地，乌孙百姓逃亡到匈奴。当时他的儿子昆莫刚刚出生，傅父布就翎侯抱着昆莫逃跑，把他藏在草里面。傅父给昆莫去寻找食品，回来时看见狼在给他奶吃，还有乌鸦叼着肉在他旁边飞翔，以为他有神助。于是，带着他归附了匈奴。单于很喜爱他，就收养下来了。等他长大后，把他父亲原来的百姓交给了他，叫他带兵，结果屡建功劳。当时，月氏已被匈奴所攻破，月氏便往西攻打塞王。塞王向南逃跑迁徙到很远的地方去了，月氏就占据了塞王原来的地方。昆莫成人后，自己向单于请求报杀父之仇，出兵西边攻破大月氏。大月氏再往西逃跑，迁徙到大夏的地方。昆莫夺得了大月氏的百姓，就留居在大月氏的领土上，兵力渐渐强大起来。这时正碰上单于死了，他不肯再朝拜侍奉于匈奴。匈奴派军队攻打他，没能取胜，更认为他有神助而远远地避开他。现在单于刚被我们困住，而且乌孙故地又是空着的。乌孙这个民族的人留恋故乡，又贪图汉朝的物产。如果在这时以大量的财物赠给乌孙，用他们在东边居住过的老地方来招引他们，汉朝还可派遣公主给昆莫做夫人，与他结为兄弟，根据现在的情势，乌孙该会听从我们，那么这就好像截断了匈奴的右臂。联合了乌孙之后，那么在乌孙以西的大夏等国就都可以招引来成为我们境外的臣民。"皇帝认为他的话有道理，授予他中郎将的官职，率领三百人，每人两匹马，牛羊数以万计，带的金银、礼品价值几千亿，还带了许多持节副使，如果道路可以通行，就灵活派遣这些副使到附近的国家去。张骞到乌孙国以后，把汉帝的赏赐送给了乌孙王并传达了汉帝的旨意，但没能得到乌孙王确定的回复。这些话都记载在《西域传》中。张骞及时分遣副使出使大宛、康居、月氏、大夏等国。乌孙王派遣翻译和向导送张骞回汉朝，同时还派了乌孙使者几十人，随送几十匹马，来答谢汉帝，乘机让他们窥伺汉朝，了解到汉朝地域广大。

张骞回来后，朝廷授予他大行令官职。过了一年多，张骞去世。又过了一年多，他所派遣出使大夏等国的副使几乎都和所出使之国的使者一起来汉。从这时起，西北各国开始与汉朝相来往了。因张骞开辟了通西域的道路，后来许多使者出使国外也都称作博望侯，以此来取信于外国，外国人也因此信任他们。这以后，乌孙王终究还是与汉朝通婚了。

韩信破赵之战

《史记》

重点词语：

井陉、闻、虏、樵苏、后饟、草、会食、遁走、辍耕、释耒、罢兵。

译文：

韩信和张耳率领几万人马，想要突破井陉口，攻打赵国。赵王、成安君陈余听说汉军将要来袭击赵国，在井陉口聚集兵力，号称二十万大军。广武君李左车向成安君献计说："听说汉将韩信渡过西河，俘虏魏豹，生擒夏说，最近血洗阏与，如今又以张耳辅助，计议夺取赵国。这是趁着胜利的锐气还未消散离开本国远征，锋芒不可阻挡。可是，我听说从千里之外运送军粮，士兵们就会忍饥挨饿；临时打柴做饭，士兵常常不能吃饱。眼下井陉这条道路，两辆战车无法并行，骑兵不能排成行列，行进的军队逶迤数百里，运送粮食的队伍势必远远地落到后边。希望您临时调拨三万奇兵给我，我从隐蔽小路拦截他们的粮草，您就深挖战壕，高筑营垒，坚守军营，不外出与之交战。他们向前不得战斗，向后无法后退，我出奇兵截断他们的后路，使他们在荒野什么东西也抢掠不到，用不了十天，两将的人头就可送到将军帐下。希望您仔细考虑我的计策。否则，一定会被他二人俘虏。"成安君，是信奉儒家学说的刻板书生，常常说正义之师不使诈不出奇招阴谋，说："我曾经看兵书上讲，'兵力比敌人多十倍，就可以包围他们，超过敌人一倍就可以和他们交战。'现在韩信的军队号称数万，实际上不过数千。竟然跋涉千里来袭击我们，肯定已经很疲惫了。如果回避不出击，等后续援兵到达，又该怎么对付呢？诸侯们会认为我胆小，就会轻易地来攻打我们。"于是没有采纳广武君的计策。

韩信派人暗中打探，了解到成安君没有采纳广武君的计策，回来报告，韩信大喜，才敢领兵进入井陉狭道。离井陉口还有三十里，停下来宿营。半夜传令出发，挑选了两千名轻装骑兵，每人拿一面红旗，从隐蔽小道上山，在山上隐蔽着观察赵国的军队。韩信告诫说："交战的时候，赵军见我军败逃，一定会倾巢出动追赶我军，你们火速冲进赵军的营垒，拔掉赵军的旗帜，竖起汉军的旗帜。"又让副将传达开饭的命令，说："今天击败了赵军之后就举行会餐。"将领们都不相信，假意回答道："好。"韩信对手下军官说："赵军已先占据了有利的地形，扎下营寨，并且他们在没有看到我军大将的旗鼓时，是不会出来攻击我军的先锋部队的，恐怕我们到了关隘的险要地方退了回去。"韩信就派出万人为先头部队，出了井陉口，背靠河水摆开战斗队列。赵军望见这种阵式大笑起来。天刚蒙蒙亮，韩信设置起大将的旗帜和仪仗，擂响战鼓，大张旗鼓地开出井陉口。赵军打开营垒攻击汉军，激战了很长时间。这时，韩信、张耳假装抛旗弃鼓，逃回河边的阵地。河边阵地的部队打开营门放他们进去。然后再和赵军激战。赵军果然倾巢出动，争夺汉军的旗鼓，追逐韩信、张耳。韩信、张耳已进入河边阵地，将士们都拼死决战，赵军无法把他们打败。韩信预先派出去的两千轻骑兵，等到赵军倾巢出动去追逐战利品的时候，就火速冲进赵军空虚的营垒，拔掉赵军的全部旗帜，竖立起汉军的两千面红旗。这时，赵军看到已不能取胜，又不能俘获韩信等人，想要退回营垒，发现营垒插满了汉军的红旗，大为震惊，以为汉军已经全部俘获了赵王的将领。于是，军队大乱，纷纷落荒潜逃，赵将即使诛杀逃兵，也无法阻止。于是汉兵前后夹击，大败赵军，俘虏了大批人马，在泜水岸边生擒了赵王歇。

韩信传令全军，不要斩杀广武君，有谁能活捉到他，奖赏千金。不一会儿，就有人捆绑着广武君送到军营，韩信亲自给他解开绳索，请他面向东坐，自己面向西对坐着，像对待老师那样对待他。

各将领献完首级和俘虏，向韩信祝贺，趁机向韩信说："兵法上说：'行军布阵应该右边和背后靠山，前边和左边临水。'这次将军反而令我们背水列阵，还说'打垮了赵军正式会餐'，我等并不信服。然而竟然胜利了，这是什么战术啊？"韩信回答说："这种列阵在兵法上是有的，只是诸位没留心罢了。兵法上不是说'陷入死地而后苦战得生，处在绝境而后死战得存'吗？况且我韩信率领的并不是平素受到我长期训练而完全听从我指挥的将士，这就是所谓的'赶着街市上的百姓去打仗'。现在的形势一定要让他们（指士兵）置于死地（让他们感到处在险境，然后殊死作战），为自己的生命作战；如果给他们留有生路，就都跑了，怎么还能用他们取胜呢？"将领们都佩服地说："好。将军的谋略不是我们所能赶得上的呀。"

于是韩信问广武君说："我要向北攻打燕国，向东讨伐齐国，你看怎样才能获得成功？"广武君推辞说："我听说'打了败仗的将领，没资格谈论勇敢；亡了国的大夫，没有资格谋划国家的生存。'而今我是兵败国亡的俘虏，哪里有资格商量大事呢！"韩信说："我听说，百里奚在虞国而虞国灭亡了，到了秦国而使秦国称霸，这并不是因为他在虞国愚蠢而到了秦国就聪明了，而在于国君任用不任用他、采纳不采纳他的意见。如果当初成安君采纳了你的建议，我韩信也早就被你俘虏了。因为没采纳您的计谋，所以我才能够侍奉您啊。"韩信坚决请教说："我倾心听从你的计谋，希望您不要推辞。"广武君说："我听说'聪明的人在上千次考虑中，总会有一次失误；愚蠢的人在上千次考虑中，总会有一次收获'。所以俗话说'狂人的话，圣人也可以选择'。只恐怕我的计谋不足以采用，但我愿献愚诚，忠心效力。成安君本来有百战百胜的计谋，然而一旦失掉它，军队在鄗城之下战败，自己在泜水之上亡身。而今将军横渡西河，俘虏魏王，在阏与生擒夏说，一举攻克井陉，不到一早晨的时间就打垮了赵军二十万，诛杀了成安君。名声传扬四海，声威震动天下。农民们预感到兵灾临头，没有不放下农具，停止耕作，穿好的，吃好的，打发日子，专心倾听战争的消息，等待死亡的来临。像这些，都是将军在策略上的长处。然而，眼下百姓劳苦，士卒疲惫，很难用以作战。如果将军发动疲惫的军队，停留在燕国坚固的城池之下，要战恐怕时间过长，力量不足不能攻克。实情暴露，威势就会减弱，旷日持久，粮食耗尽，而弱小的燕国不肯降服，齐国一定会拒守边境，以图自强。燕、齐两国坚持不肯降服，那么，刘项双方的胜负就不能断定。像这样，就是将军战略上的短处。我的见识浅薄，但我私下认为攻燕伐齐是失策啊。所以，善于带兵打仗的人不拿自己的短处攻击敌人的长处，而是拿自己的长处去攻击敌人的短处。"韩信说："虽然如此，那么应该怎么办呢？"广武君回答说："如今为将军打算，不如按兵不动，安定赵国的社会秩序，抚恤阵亡将士的遗孤。方圆百里之内，每天送来的牛肉美酒，用以犒劳将士。摆出向北进攻燕国的姿态，而后派出说客，拿着书信，在燕国显示自己战略上的长处，燕国必不敢不听从。燕国顺从之后，再派说客往东劝降齐国，齐国就会闻风而降服。即使有聪明睿智的人，也不知该怎样替齐国谋划了。如果这样，那么，夺取天下的大事都可以谋求了。用兵本来就有先虚张声势，而后采取实际行动的，我说的就是这种情况。"韩信说："好。"听从了他的计策。派遣使者出使燕国，燕国听到消息果然立刻降服。于是派人报告汉王，并请求立张耳为赵王，用以镇抚赵国。汉王答应了他的请求，就封张耳为赵王。

段太尉逸事状

柳宗元

重点词语：

领、寓军、无赖、货、嗛、釜、鬲、状、白、生人、理、躄、戢、晡食、草具、析、巽、识、出入、姁姁、色、执事。

译文：

段太尉刚任泾州刺史的时候，汾阳王郭子仪以副元帅的身份驻扎在蒲州。汾阳王的儿子郭晞担任尚书之职，兼任行营节度使，以客军名义驻于邠州，纵容士兵违纪枉法。邠州人中那些惯偷以及狡黠贪婪、强暴凶恶的家伙，纷纷用贿赂手段使自己有军队的名号，恣意妄为，官吏都不能干涉。他们天天成群结伙地在街市上强索财物，一不满意，就用暴力打断他人的手脚，用棍棒把各种瓦器砸得满街都是，然后裸露着臂膀扬长而去，甚至还撞死怀孕的妇女。邠宁节度使白孝德因为汾阳王的缘故，心中忧伤却不敢明说。段太尉从泾州用文书报告节度使府，表示愿意商量此事。到了白孝德府中，他就说："天子把百姓交给您治理，您看到百姓受到残暴的伤害，却无动于衷。大乱将要发生，您怎么办？"白孝德说："我愿意听您的指教。"段太尉说："我担任泾州刺史，很空闲，事务不多。现在不忍心百姓没有外敌却惨遭杀害，使得天子的边防被扰乱。假如你任命我为都虞候，我就能替您制止暴乱，使您的百姓不再遭到伤害。"白孝德说："太好了。"听从了段太尉的请求。

段太尉代理都虞候职务一个月后，郭晞部下十七人进街市拿酒，又用兵器刺酿酒的技工，砸坏酒器，使酒流进河沟中。段太尉布置士兵去抓获这十七人，全都砍头，把头挂在长矛上，竖立在市门外。郭晞全军营都骚动起来，纷纷披上了盔甲。白孝德惊慌失措，把段太尉叫来问道："怎么办呢？"段太尉说："没有关系！让我到郭晞军营中去说理。"白孝德派几十名士兵跟随太尉，太尉全都辞掉了。他解下佩刀，挑选了一个又老又跛的士兵牵马，来到郭晞门下。全副武装的士兵涌了出来，段太尉边笑边走进营门，说："杀一个老兵，何必全副武装呢？我顶着我的头颅来啦！"士兵们大惊。段太尉乘机述说道："郭尚书难道对不起你们吗？副元帅难道对不起你们吗？为什么要用暴乱来败坏郭家的名声？替我告诉郭尚书，请他出来听我说话。"郭晞出来会见段太尉，段太尉说："副元帅的功勋充塞于天地之间，应该使其流传。现在您放纵士兵为非作歹，这样将造成变乱，扰乱天子边地，应该归罪于谁？罪将连累到副元帅身上。现在邠州那些坏家伙用贿赂手段使自己有军队的名号，杀害百姓，像这样再不制止，还能有多少天不发生大乱？大乱从您这儿发生，人们都会说您是倚仗了副元帅的势力，不管束部下。那么郭家的功名，将还能保存多少呢？"话没有说完，郭晞再拜道："承蒙您用大道理开导我，恩情真大，我愿意率领部下听从您。"回头呵斥手下士兵说："全都卸去武装，解散回到自己的队伍里去，谁敢闹事，格杀勿论！"段太尉说："我还未吃晚饭，请为我代办点简单的食物。"吃完后，又说："我的毛病又犯了，想留宿在您营中。"命令牵马的人回去，次日清早再来。于是就睡在营中。郭晞连衣服也不脱，命警卫敲打着梆子保卫段太尉。第二天一早，郭晞和段太尉一起来到白孝德那儿，道歉说自己实在无能，请求允许改正错误。邠州从此没有了祸乱。

在此以前，段太尉在泾州担任营田副使，泾州大将焦令谌掠夺他人土地，自己强占了几十顷，租给农民，说："到谷子成熟时，一半归我。"这年大旱，田野寸草不生。农民将灾情报告焦令谌，焦令谌说："我只知道收入的数量，不知道旱不旱。"催逼更急。农民自己将要饿死，没有谷子偿还，只得去求告段太尉。段太尉写了份判决书，口气十分温和，派人求见并通知焦令谌。焦令谌大怒，叫来农民，说："我怕段太尉的吗？你怎敢去说我的坏话！"他把判决书铺在农民背上，用粗棍子重打二十下，打得奄奄一息，扛到太尉府上。太尉大哭道："是我害苦了你！"马上自己动手取水洗去农民身上的血迹，撕下自己的衣服为他包扎伤口，亲自为他敷上良药，早晚自己先喂农民，然后自己再吃饭。并把自己骑的马卖掉，换来谷子代农民偿还，还叫农民不要让焦令谌知道。驻扎在邠州的淮西军主帅尹少荣是个刚直的人，他来求见焦令谌，大骂道："你还是人吗？泾州赤地千里，百姓将要饿死，而你却一定要得到谷子，又用粗棍子重打无罪的人。段公是位有仁义讲信用的长者，你却不知敬重。现在段公只有一匹马，贱卖以后换成谷子交给你，你居然不知羞耻地收下。大凡一个人不顾天灾、冒犯长者、重打无罪的人，又收下仁者的谷子，使主人出门没有马，你将怎样上对天、下对地，难道不为作为奴仆的而感到羞愧吗！"焦令谌虽然强横，但听了这番话后，却大为惭愧乃至流汗，不能进食，说道："我以后没有脸可以去见段公了！"一天傍晚，就自恨而死。

等到段太尉从泾州任上被征召为司农卿，临行前他告诫后去的家人："经过岐州时，朱泚可能会赠送钱物，千万不要收下。"经过时，朱泚执意要赠送三百匹大绫。太尉女婿韦晤坚决拒收，朱泚还是不同意。到了京城，段太尉发怒说："竟然不听我的话！"韦晤谢罪说："我地位卑贱，无法拒绝呀。"太尉说："但终究不能把大绫放在我家里。"就把它送往司农的办公处，安放在屋梁上。朱泚谋反，段太尉遇害，官吏将这事报告了朱泚，朱泚取下一看，原来封存的标记还在。

以上就是太尉的逸事。

元和九年某月某日，永州司马员外置同正员柳宗元恭谨地献给史馆。现在称赞段太尉大节的人，大抵认为是武夫一时冲动而不怕死，从而取名于天下，不了解太尉立身处世就像上述的那样。我曾来往于岐、周、邠、鄠之间，经过真定，北上马岭，游历了亭筑、障设、堡垒和戍所等各种军事建筑，喜欢访问年老和退伍将士，他们都能介绍段太尉的事迹。太尉为人谦和，常常低着头、拱着手走路，说话的声息低微，从来不用坏脸色待人；别人看他，完全是一个儒者。遇到不能赞同的事，一定要达到自己的目的，他的事迹绝不是偶然的。适逢永州刺史崔能前来，他言而有信、行为正直，详细地收集了太尉的遗事，再次核对没有什么疑问。有的事实恐怕还有散失遗漏，未集中到史官手里，斗胆将这篇行状私下送交给您。郑重地写下这篇逸事状。

赵武灵王胡服骑射

《资治通鉴》

重点词语：

北、无穷、河、驱世、不服、有经、令行、贱、稽首、中国、则效、孰、负、系累。

译文：

赵武灵王向北进攻中山国，经房子，抵达代地，再向北直至数千里的大漠，向西攻到黄河，登上黄华山顶，与国相肥义商议让百姓穿短衣胡服，学骑马与射箭。他说："愚蠢的人会嘲笑我，但聪明的人会明白的。即使天下的人都嘲笑我，我也这么做，一定能把北方胡人的领地和中山国都夺过来！"于是改穿胡服。

国人都不愿穿胡服，其中，公子成称有病，不来上朝。赵王派人前去说服他："家事听从父母，国政服从国君，现在我要人民改穿胡服，而叔父您不穿，我担心天下人会议论我徇私情。治理国家有一定章法，要以有利人民为根本；处理政事要有一定原则，要以施行政令为重。宣传道德要先让百姓议论明白，而推行法令必须从贵族近臣做起。所以我希望能借助叔父您的榜样来完成改穿胡服的功业。"公子两拜谢罪道："我听说，中原地区在圣贤之人教化下，采用礼乐仪制，是远方国家前来游观，让周边地区学习效法的地方。现在君王您舍此不顾，去仿效外族的服装，是擅改古代习惯、违背人心的举动，我希望您慎重考虑。"使者回报赵王。

赵王便亲自登门解释说："我国东面有齐国、中山国；北面有燕国、东胡；西面是楼烦，与秦、韩两国接壤。如今没有骑马射箭的训练，凭什么能守得住呢？先前中山国依仗齐国的强兵，侵犯我们领土，掠夺人民，又引水围灌鄗城，如果不是老天保佑，鄗城几乎就失守了。此事先王深以为耻。所以我决心改穿胡服，学习骑射，想以此抵御四面的灾难，一报中山国之仇。而叔父您一味依循中原旧俗，厌恶改变服装，忘记了鄗城的奇耻大辱，我对您深感失望啊！"公子成幡然醒悟，欣然从命，赵武灵王亲自赐给他胡服，第二天他便穿戴入朝。于是，赵武灵王正式下达改穿胡服的法令，提倡学习骑马射箭。

第一部分 文选

第七单元 论说文

谏逐客书

李　斯

重点词语：

吏、据、从、施、向使、却、内、垂、服、实、缶、桑间、适观、兵、四时、黔首、藉、损民、自虚。

译文：

我听说官吏在商议驱逐客卿这件事，私下里认为是错误的。从前秦穆公寻求贤士，西边从西戎取得由余，东边从宛地得到百里奚，又从宋国迎来蹇叔，还从晋国招来丕豹、公孙支。这五位贤人，不生在秦国，而秦穆公重用他们，吞并国家二十多个，于是称霸西戎。秦孝公采用商鞅的新法，移风易俗，人民因此殷实，国家因此富强，百姓乐意为国效力，诸侯亲附归服，战胜楚国、魏国的军队，攻取土地上千里，至今政治安定，国力强盛。秦惠王采纳张仪的计策，攻下三川地区，西进兼并巴、蜀两国，北上收得上郡，南下攻取汉中，席卷九夷各部，控制鄢、郢之地，东面占据成皋天险，割取肥田沃土，于是拆散六国的合纵同盟，使他们朝西事奉秦国，功烈延续到今天。昭王得到范雎，废黜穰侯，驱逐华阳君，加强、巩固了王室的权力，堵塞了权贵垄断政治的局面，蚕食诸侯领土，使秦国成就帝王大业。这四位君主，都依靠了客卿的功劳。由此看来，客卿哪有什么对不住秦国的地方呢！倘若四位君主拒绝客卿而不接纳，疏远贤士而不加任用，这就会使国家没有丰厚的实力，而让秦国没有强大的名声了。

陛下罗致昆山的美玉，宫中有随侯之珠、和氏之璧，衣饰上缀着光如明月的宝珠，身上佩带着太阿宝剑，乘坐的是名贵的纤离马，树立的是以翠凤羽毛为饰的旗子，陈设的是蒙着灵鼍之皮的好鼓。这些宝贵之物，没有一种是秦国产的，而陛下却很喜欢它们，这是为什么呢？如果一定要是秦国出产的才许可采用，那么这种夜光宝玉，决不会成为秦廷的装饰；犀角、象牙雕成的器物，也不会成为陛下的玩好之物；郑、卫二地能歌善舞的女子，也不会填满陛下的后宫；北方的名骥良马，决不会充实到陛下的马房；江南的金锡不会为陛下所用；西蜀的丹青也不会作为彩饰。所以用来装饰后宫、广充侍妾、爽心快意、悦人耳目的东西都要是秦国生长、生产的然后才可用的话，那么点缀有珠宝的簪子、耳上的玉坠、丝织的衣服、锦绣的装饰，就都不会进献到陛下面前；那些随着风尚变化改变自身装扮美好的佳丽，也不会立于陛下的身旁。那敲击瓦器，拍髀弹筝，呜呜呀呀地歌唱，能快人耳目的，确真是秦国的地道音乐了；那郑、卫桑间的歌声，《韶虞》《武象》等乐曲，可算是外国的音乐了。如今陛下却抛弃了秦国地道的敲击瓦器的音乐，而取用郑、卫淫靡悦耳之音，不要秦筝而要《韶虞》，这是为什么呢？难道不是因为外国音乐可以快意，可以满足令耳目舒适的需要么？可陛下对用人却不是这样，不问是否可用，不管是非曲直，凡不是秦国的就要离开，凡是客卿都要驱逐。这样做就说明，陛下所看重的，只在珠玉声色方面；而所轻视的，却是人民士众。这不是能用来驾驭天下、制服诸侯的方法啊。

我听说田地广就粮食多，国家大就人口众，武器精良将士就骁勇。因此，泰山不拒绝泥土，所以能成就它的高大；江河湖海不舍弃细流，所以能成就它的深邃；有志建立王业的人不嫌弃民众，所以能使他的德行昭明。因此，土地不分东西南北，百姓不论异国他邦，那样便会一年四季富裕美好，天地鬼神降赐福运，这就是五帝、三王无可匹敌的缘故。抛弃百姓使之去帮助敌国，拒绝宾客使之去事奉诸侯，使天下的贤士退却而不敢西进，裹足止步不入秦国，这就叫作"借武器给敌寇，送粮食给盗贼"啊。

　　物品中不出产在秦国，而宝贵的却很多；贤士中不出生于秦，愿意效忠的很多。如今驱逐客卿来资助敌国，减损百姓来充实对手，内部自己造成空虚而外部在诸侯中构筑怨恨，那要谋求国家没有危难，是不可能的啊。

论积贮疏

贾　谊

重点词语：

筦、廪、亡、屈、悉、本、末、靡、为、贴危、饥、穰、行、被、即、恤、卒、衡、赢、毕、举、大命、怀、附、末技、直、廪廪。

译文：

管子说："粮仓充足，百姓就懂得礼节。"百姓缺吃少穿而可以治理得好的，从古到今，没有听说过这事。古代的人说："一个男子不耕地，有人就要因此挨饿；一个女子不织布，有人就要因此受冻。"生产东西有时节的限制，而消费它却没有限度，那么社会财富一定会缺乏。古代的人治理国家，考虑得极为细致和周密，所以他们的积贮足以依靠。现在人们弃农经商吃粮的人很多，这是国家的大祸患。过度奢侈的风气一天天地滋长，这也是国家的大祸害。这两种大祸害公然盛行，没有人去稍加制止；国家的命运将要覆灭，没有人去挽救；生产的人极少，而消费的人很多，国家的财富怎能不枯竭呢？汉朝建立快四十年了，公家和个人的积贮还少得令人痛心。错过季节不下雨，百姓就将忧虑不安；年景不好，百姓纳不了税，朝廷就要出卖爵位，百姓就要出卖儿女。这样的事情皇上已经耳有所闻了，哪有治理国家已经危险到这种地步而皇上不震惊的呢？

　　世上有灾荒，这是自然界常有的现象，夏禹、商汤都曾遭受过。假如不幸有纵横二三千里地方的大旱灾，国家用什么去救济灾区？如果突然边境上有紧急情况，成千上万的军队，国家拿什么去发放粮饷？假若兵灾旱灾交互侵袭，国家财富极其缺乏，胆大力壮的人就聚集歹徒横行抢劫，年老体弱的人就互换子女来吃。政治的力量还没有完全达到各地，边远地方敢于同皇上对抗的人，就一同举兵起来造反了。于是，皇上才惊慌不安地谋划对付他们，难道还来得及吗？

　　积贮，是国家的命脉。如果粮食多财力充裕，干什么事情会做不成？凭借它去进攻就能攻取，凭借它去防守就能巩固，凭借它去作战就能战胜。使敌对的人归降，使远方的人顺附，招谁而不来呢？现在如果驱使百姓，让他们归向农业，都附着于本业，使天下的人靠自己的劳动而生活，工商业者和不劳而食的游民都转向田间从事农活，那么积贮就会充足百姓就能安居乐业了。本来可以做到使国家富足安定，却竟造成了这种令人危惧的局面。我真替陛下痛惜啊。

报任安书

司马迁

重点词语：

牛马走、曩者、侧闻、说、大质、点、会、贱事、卒卒、恨、报、符、爱、表、决、行、托、惟。

译文：

像牛马一样替人奔走的仆役太史公司马迁再拜。

少卿足下：从前承蒙您给我写信，教导我用谨慎的态度待人接物，以推举贤能、引荐人才为己任，情意十分恳切诚挚，好像抱怨我没有遵从您的教诲，而是追随了世俗之人的意见。我是不敢这样做的。我虽然平庸无能，但也曾听到过德高才俊的前辈遗留下来的风尚。只是我自认为身体已遭受摧残，又处于污浊的环境之中，每有行动便受到指责，想对事情有所增益，结果反而自己遭到损害，因此我独自忧闷而不能向人诉说。俗话说："为谁去做，让谁来听？"钟子期死了，伯牙便一辈子不再弹琴。这是为什么呢？贤士乐于被了解自己的人所用，女子为喜爱自己的人而打扮。像我这样的人，身躯已经亏残，即使才能像随侯珠、和氏璧那样稀有，品行像许由、伯夷那样高尚，终究不能把这些当作光荣，只不过足以被人耻笑而自取其辱。来信本应及时答复，刚巧我侍从皇上东巡回来，后又为烦琐之事所逼迫，能见面的日子很少，我又匆匆忙忙地没有片刻的闲工夫来详尽地表达心意。您蒙受意想不到的罪祸，再过一月，临近十二月，我侍从皇上到雍县去的日期也迫近了，恐怕突然之间您就会有不幸之事发生，因而使我终生不能向您抒发胸中的愤懑，那么与世长辞的灵魂会永远留下无穷的遗憾。请让我向您略约陈述浅陋的意见。隔了很长的日子没有复信给您，希望您不要责怪。

　　我听到过这样的说法：一个人如何修身，是判断他智慧的凭证；能够自修其身，这是有智慧的凭证；能够怜爱别人，乐于施舍，这是行仁德的开始；取和予是否得当，这是衡量义与不义的标志；看一个人对耻辱采取什么态度，就可以决断他是否勇敢；建立好的名声，这是德行的最高准则。志士有这五种品德，然后就可以立足于社会，排在君子的行列中了。所以，没有什么灾祸比贪图私利更惨的了；没有什么悲哀比伤创心灵更为可悲的了；没有什么行为比使先人受辱这件事更丑恶的了；没有什么耻辱比遭受宫刑更严重的了。受过宫刑后获得余生的人，社会地位是没法比类的，这并非当今之世如此，这种情况从开始以来已经很久了。从前，卫灵公与宦官雍渠同坐一辆车子，孔子感到这对他是一种侮辱，便离开卫国到陈国去；商鞅通过姓景的太监而得以谒见秦孝公，贤士赵良为此担忧；太监赵谈陪坐在汉文帝的车上，袁盎为之脸色大变。自古以来，人们把与刑余之人相并列当作一种耻辱。就一般才智的人来说，一旦事情关系到宦官，没有不感到伤心丧气的，更何况气节高尚的人呢？如今朝廷虽然缺乏人才，但怎么会让一个受过刀锯摧残之刑的人来推荐天下的豪杰俊才呢！我凭着先父遗留下来的事业，才能够在京城任职，已经二十多年了。我常常这样想：上不能对君王进纳忠言，献出诚实的心意，而有出谋划策的称誉，从而得到皇上的信任；其次，又不能给皇上拾取遗漏，补正阙失，招纳贤才，推举能人，使隐居在岩穴中的贤士不被埋没；对外，又不能加入军队之中，参加攻城野战，以建立斩将夺旗的功劳；从最次要的方面来看，又不能积累老资格，在言论方面立功，谋得尊贵的官职，优厚的俸禄，来为宗族和朋友争光。这四个方面没有哪一方面做出成绩，我只能有意地迎合皇上的心意，以保全自己的地位。我没有些微的建树，从这四方面就可以看出来了。以前，我也曾夹杂在下大夫的行列，跟在外朝官员的后面发表一些微不足道的议论。我没有利用这个机会伸张国家的法度，竭尽自己的思虑，到如今已经身体残废成为打扫污秽的奴隶，处在地位卑贱的人的行列当中，还想昂首扬眉，评论是非，不也是轻视朝廷、使当世的君子们感到羞耻吗？唉！唉！像我这样的人，尚且说什么呢！尚且说什么呢！

而且，事情的前因后果一般人是不容易弄明白的。我在少年的时候就没有卓越不羁的才华，成年以后也没有得到乡里的称誉，幸亏皇上因为我父亲是太史令，使我能够获得奉献微薄才能的机会，出入宫禁之中。我认为头上顶着盆子就不能望天，所以断绝了宾客的往来，忘掉了家室的事务，日夜都在考虑全部献出自己的微不足道的才干和能力，专心供职，以求得皇上的信任和宠幸。但是，事情大错特错，不是原先所料想的那样！我和李陵都在朝中为官，向来并没有多少交往，追求和反对的目标也不相同，从不曾在一起举杯饮酒，互相表示友好的感情。但是我观察李陵的为人，确是个守节操的不平常之人：侍奉父母讲孝道，同朋友交往守信用，遇到钱财很廉洁，或取或予都合乎礼义，能分长幼尊卑，谦让有礼，恭敬谦卑，自甘人下，总是考虑着奋不顾身来赴国家的急难。他历来积铸的品德，我认为有国士的风度。做人臣的，从出于万死而不顾一生的考虑，奔赴国家的危难，这已经是很少见的了。现今他行事一有不当，而那些只顾保全自己性命和妻室儿女利益的臣子们，便跟着挑拨是非，夸大过错，陷人于祸，我确实从内心感到沉痛。况且李陵带领的兵卒不满五千，深入敌人军事要地，到达单于的王庭，好像在老虎口上垂挂诱饵，出其不意向强大的胡兵挑战，面对着亿万敌兵，同单于连续作战十多天，杀伤的敌人超过了自己军队的人数，使得敌人连救死扶伤都顾不上。匈奴君长都十分震惊恐怖，于是就征调左、右贤王，出动了所有会开弓放箭的人，举国上下，共同攻打李陵并包围他。李陵转战千里，箭都射完了，进退之路已经断绝，救兵不来，士兵死伤成堆。但是，当李陵振臂一呼，鼓舞士气的时候，兵士没有不奋起的，他们流着眼泪，一个个满脸是血，强忍悲泣，拉开空的弓弦，冒着白光闪闪的刀锋，向北拼死杀敌。当李陵的军队尚未覆没的时候，使者曾给朝廷送来捷报，朝廷的公卿王侯都举杯为皇上庆贺。几天以后，李陵兵败的奏书传来，皇上为此而饮食不甜，处理朝政也不高兴。大臣们都很忧虑，害怕，不知如何是好。我私下里并未考虑自己的卑贱，见皇上悲伤痛心，实在想尽一点我那款款愚忠。我认为李陵向来与将士们同甘共苦，能够换得士兵们拼死效命的行动，即使是古代名将恐怕也没能超过的。他虽然身陷重围，兵败投降，但看他的意思，是想寻找机会报效汉朝。事情已经到了无可奈何的地步，但他摧垮、打败敌军的功劳，也足以向天下人显示他的本心了。我内心打算向皇上陈述上面的看法，而没有得到适当的机会，恰逢皇上召见，询问我的看法，我就根据这些意见来论述李陵的功劳，想以此来宽慰皇上的胸怀，堵塞那些攻击、诬陷的言论。我没有完全说清我的意思，圣明的君主不深入了解，认为我是攻击贰师将军，而为李陵辩解，于是将我交付狱官处罚。我的虔敬和忠诚的心意，始终没有机会陈述和辩白，被判了诬上的罪名，皇上终于同意了法吏的判决。我家境贫寒，微薄的钱财不足以拿来赎罪，朋友们谁也不出面营救，皇帝左右的亲近大臣又不肯替我说一句话。我血肉之躯本非木头和石块，却与执法的官吏在一起，深深地关闭在牢狱之中，我向谁去诉说内心的痛苦呢！这些，正是少卿所亲眼看见的，我的所作所为难道不正是这样吗？李陵投降以后，败坏了他的家族的名声，而我接着被置于蚕室，更被天下人所耻笑。可悲啊！可悲！这些事情是不容易逐一地向俗人解释的。

我的祖先没有剖符丹书的功劳；职掌文献史料、天文历法工作的官员，地位接近于算卦、赞礼的人，本是皇上所戏弄并当作倡优来畜养的人，是世俗所轻视的。假如我伏法被杀，那好像是九牛的身上失掉一根毛，同蝼蚁又有什么区别？世人又不会拿我之死与能殉节的人相比，只会认为我是智尽无能、罪大恶极，不能免于死刑，而终于走向死路罢了！为什么会这样呢？这是我向来所从事的职业以及地位，使人们会这样地看待自己。人本来就有一死，但有的人死了比泰山还重，有的人死了却比鸿毛还轻，这是因为他们用死追求的目的不同啊。一个人最重要的是不使祖先受辱，其次是不能使身体受辱，其次是不能因自己的脸色不合礼仪而受辱，其次是不能因为自己的言语不当而受辱，其次是使肢体受扭曲而受辱，其次是穿上囚服受辱，其次是带上木枷遭受杖刑而受辱，其次是被剃光头发、颈戴枷锁而受辱，其次是毁坏肌肤、断肢截体而受辱，最下等的是宫刑了，侮辱到了极点。古书说："刑不上大夫。"这句话的意思是说，对于士大夫的气节，不可不劝勉鼓励啊。猛虎生活在深山之中，百兽就都震恐，等到它落入陷阱和栅栏之中时，就只得摇着尾巴乞求食物，这是人不断地使用威力和约束而逐渐使它驯服的。所以，士子看见画地为牢而决不进入，面对削木而成的假狱吏也决不能接受他的审讯，把思虑计谋定在自我了断上面。如今我的手脚捆在一起，被木枷锁住、绳索捆绑，皮肉暴露在外，受着棍打和鞭笞，关在牢狱之中。在这种时候，看见狱吏就叩头触地，看见牢卒就恐惧喘息。这是为什么呢？这是经过长时间的威逼约束所造成的形势。事情已经到了这种地步，再谈什么不受污辱，那就是人们常说的厚脸皮了，有什么值得尊贵的呢？况且，像西伯姬昌，是诸侯的领袖，曾被拘禁在羑里；李斯，是丞相，也受尽了五刑；淮阴侯韩信，被封为王，却在陈地被戴上刑具；彭越、张敖被诬告有称帝野心，被捕入狱并定下罪名；绛侯周勃，曾诛杀诸吕，一时间权力大于春秋五霸，也被囚禁在请罪室中；魏其侯窦婴，是一员大将，也穿上了红色的囚衣，手、脚、颈项都套上了刑具；季布以铁圈束颈卖身给朱家当了奴隶；灌夫被拘于居室而受屈辱。这些人的身份都到了王侯将相的地位，声名传扬到邻国，等到犯了罪而法网加身的时候，不能够下决心自杀，处在污秽屈辱的地位。古今都是一样的，哪里能不受辱呢？照这样说来，勇敢或怯懦，乃是形势所造成；坚强或懦弱，也是根据自己外在的表现所决定。这是很清楚明白的事了，有什么奇怪的呢？况且人不能早一点在被法律制裁之前就自杀，因此渐渐地衰败，到了挨打受刑的时候，才想到伸张士大夫的名节，这种愿望和现实不是相距太远了吗！古人之所以慎重地对大夫用刑，大概就是因为这个缘故。人之常情，没有谁不贪生怕死的，都挂念父母，顾虑妻室儿女。至于那些激愤于正义公理的人当然不是这样，这里有迫不得已的情况。如今我很不幸，早早地失去双亲，又没有兄弟互相爱护，独身一人，孤立于世，少卿你看我对妻室儿女又怎样呢？况且一个勇敢的人不一定要为名节去死，怯懦的人如果仰慕大义随时随地都可以勉励自己不受辱。我虽然怯懦软弱，想苟活在人世，但也稍微懂得区分弃生就死的界限，哪会自甘沉溺于牢狱生活而忍受屈辱呢！再说奴隶婢妾尚且能够下决心自杀，何况像我到了这样不得已的地步！我之所以忍受着屈辱苟且活下来，陷在污浊的监狱之中却不肯死，是遗憾我内心的志愿有未达到的，如果平平庸庸地死了，文章就不能在后世显露。

古时候富贵但名字磨灭不传的人，无法完整地记录，只有那些卓越洒脱不平常的人才被称颂。周文王被拘禁而推演了《周易》；孔子受困窘而作《春秋》；屈原被放逐，才写了《离骚》；左丘明失去视力，才有《国语》；孙膑被截去膝盖骨，《兵法》才被撰写出来；吕不韦被贬谪到蜀地，后世才流传着《吕氏春秋》；韩非被囚禁在秦国，写出《说难》《孤愤》；《诗经》三百篇，大致是一些圣贤们抒发愤慨而写作的。这些人都是感情有压抑郁结不解的地方，不能实现其理想，所以记述过去的事迹，使将来的人深思。就像左丘明没有了视力，孙膑断了双脚，终生不能被人重用，便退隐著书立说来抒发他们的怨愤，想到活下来从事著作来表现自己的思想。我私下里也自不量力，用我那不高明的文辞，收集天下散失的历史传闻，粗略地考订其真实性，综述其事实的本末，推究其成败盛衰的道理，上自黄帝，下至于当今，写成十篇表，十二篇本纪，八篇书，三十篇世家，七十篇列传，一共一百三十篇，也是想研究自然现象和人类社会之间的关系，贯通古往今来变化的脉络，成为一家的言论。刚开始草创还没有成书，恰恰遭遇到这场灾祸，我痛惜这部书不能完成，因此受到最残酷的刑罚也没有怨怒之色。我确实想完成这本书，把它（暂时）藏在名山之中，（以后）再传给跟自己志同道合的人，再让它广传于天下。那么，我便抵偿了以前所受的侮辱，即使受再多的侮辱，难道会后悔吗！然而，这些只能向有见识的人诉说，却很难向世俗之人讲清楚啊！

再说，戴罪被侮辱的处境是很不容易安生的，地位卑贱的人，往往被人诽谤和议论。我因为多嘴说了几句话而遭遇这场大祸，更被乡里之人、朋友羞辱和嘲笑，侮辱了祖宗，又有什么颜面再到父母的坟墓上去祭扫呢？即使是到百代之后，这污垢和耻辱会更加深重啊！因此在肺腑中肠子里每日多次回转，在家中心神不定，好像失去了什么东西一样，出门则不知道往哪儿走。每当想到这件耻辱的事，冷汗没有不从脊背上冒出来而沾湿衣襟的。我已经成了宦官，怎么能够自己引退，深深地在山林岩穴隐居呢？所以只得随俗浮沉，跟着形势上下，以表现我狂放和迷惑不明。如今少卿竟教导我要推贤进士，岂不是与我自己的内心愿望相违背的吗？现今我虽然想自我雕饰一番，用美好的言辞来为自己开脱，这也没有好处，因为世俗之人是不会相信的，只会使我自讨侮辱啊。简单地说，人要到死后的日子，然后是非才能够论定。书信是不能完全表达心意的，因而只是略微陈述我愚执、浅陋的意见罢了。恭敬地拜两次。

朋党论

欧阳修

重点词语：

朋党、相、交疏、贼害、事、退、更相、书、用以兴、清流、浊流、诮、迹、鉴。

译文：

臣听说关于朋党的言论，是自古就有的，只是希望君主能分清他们是君子还是小人就好了。大概君子与君子因志趣一致结为朋党，而小人则因利益相同结为朋党，这是很自然的规律。但是臣以为小人并无朋党，只有君子才有。这是什么原因呢？小人所爱所贪的是薪俸钱财。当他们利益相同的时候，暂时地互相勾结成为朋党，那是虚假的；等到他们见到利益而争先恐后，或者利益已尽而交情淡漠之时，就会反过来互相残害，即使是兄弟亲戚，也不会互相保护。所以说小人并无朋党，他们暂时结为朋党，也是虚假的。君子就不是这样：他们坚持的是道义，履行的是忠信，珍惜的是名节。用这些来提高自身修养，那么志趣一致就能相互补益；用这些来为国家做事，那么观点相同就能共同前进。始终如一，这就是君子的朋党啊。所以做君主的，只要能斥退小人的假朋党，进用君子的真朋党，那么天下就可以安定了。

唐尧的时候，小人共工、驩兜等四人结为一个朋党，君子八元、八恺等十六人结为一个朋党。舜辅佐尧，斥退四凶的小人朋党，而进用元、恺的君子朋党，唐尧的天下因此非常太平。等到虞舜自己做了天子，皋陶、夔、稷、契等二十二人同时列位于朝廷。他们互相推举，互相谦让，一共二十二人结为一个朋党。但是虞舜全都进用他们，天下也因此得到大治。《尚书》上说："商纣有亿万臣，是亿万条心；周有三千臣，却是一条心。"商纣王的时候，亿万人各存异心，可以说不成朋党了，于是纣王因此而亡国；周武王的臣下，三千人结成一个大朋党，但周朝却因此而兴盛。后来，汉献帝的时候，把天下名士都关押起来，把他们视作党人。等到黄巾贼来了，汉王朝大乱，然后才悔悟，解除了党锢释放了他们，可是已经无可挽救了。唐朝的末期，逐渐生出朋党的议论，到了昭宗时，把朝廷中的名士都杀害了，有的竟被投入黄河，说什么"这些人自命为清流，应当把他们投到浊流中去"。唐朝也就随之灭亡了。

前代的君主，能使人人异心不结为朋党的，谁也不及商纣王；能禁绝好人结为朋党的，谁也不及汉献帝；能杀害清流们的朋党的，谁也不及唐昭宗之时；但是都由此而使他们的国家招来混乱以至灭亡。互相推举谦让而不疑忌的，谁也不及虞舜的二十二位大臣，虞舜也毫不猜疑地进用他们。但是后世并不讥笑虞舜被二十二人的朋党蒙骗，却赞美虞舜是聪明的圣主，原因就在于他能区别君子和小人。周武王时，全国所有的臣下三千人结成一个朋党，自古以来作为朋党又多又大的，谁也不及周朝。然而，周朝因此而兴盛，原因就在于善良之士虽多却不感到满足。

啊！前代治乱兴亡的事迹，为君主的可以作为借鉴了。

第二部分　古代汉语知识重点提示

一、汉语常用工具书常识

工具书汇集了某些方面的基本知识和资料，可以指引学习古代汉语的门径、提供参考资料并解决学习中遇到的疑难问题。古代汉语常用工具书按用途和种类，大致包含了字典、词典、百科全书、政书、历表、类书和索引。

（一）工具书的排检方法

1. 部首排列法。

2. 音序排列法。按汉语拼音方案字母顺序排列的，如《古汉语常用字字典》《新华字典》《现代汉语词典》等；按注音字母排列的，如《词诠》；按古声母排列的，如《经传释词》。后几种排列方法都较难掌握，原因是一般读者缺少这方面的知识。

3. 号码排列法。最常见的是四角号码排列法。

（二）字典、辞书的几种注音方法

1. 直音法。

2. 反切法。

（三）学习古代汉语应会使用的常用工具书

1. 《古汉语常用字字典》。

2. 《康熙字典》或《汉语大字典》。

3. 《辞源》或《汉语大词典》。

4. 《经传释词》或《古书虚字集释》或《词诠》。

思考题：

简要说明下列工具书的作者、成书年代和主要作用性质。

《说文解字》《康熙字典》《辞海》和《辞源》《汉语大字典》。

二、汉字的结构与演变

（一）汉字的起源

文字是记录语言的符号，是人类进入文明社会的标志之一。关于文字的产生，多有"结绳"说、"仓颉造字"和"图画"说等。

《易·系辞》云：上古结绳而治，后世圣人易之以书契。《说文·叙》载："神农氏结绳为治，而统其事。"结绳虽然有记事之用，但只能作为简单记号和信息的传递，而不是记录语言的。

关于"仓颉造字"，《淮南子·本经训》载："昔者仓颉作书，而天雨粟，鬼夜哭。"《荀子·解蔽》认为："好书者众矣，而仓颉独传者，壹也。"章太炎对此解释为庞大的汉字体系不可能为一人所创，仓颉的功绩在于对文字做了规范、统一的工作。

仰韶文化和大汶口文化的遗存中，陶器上出现了大量类似符号的刻画。这些符号不仅仅停留在对事物外形的描绘，而有了一定的抽象指事特征，有学术观点认为文字的产生和这些带有某种特殊意义的图画有着密不可分的关系。换言之，当图画和某一含义产生一一对应的特定联系时，文字也就应运而生了。

（二）汉字形体的演变

汉字的形体从汉字产生起，就一直在发展变化。根据当前学术界的看法，汉字形体演变可大致分为古文字阶段和今文字阶段。古文字是秦及秦以前的文字总称，包括商周甲骨文、殷商金文、战国文字和小篆。这一时期的文字有浓厚的象形色彩，结构随意，笔顺复杂，且异体字繁多。

今文字是汉代以后历代出现的文字总称，包括隶书、草书、楷书和行书。这一阶段的文字抛弃了象形的特征，字形笔画化、简明化。隶书使汉字的形貌发生了重大变化，对汉字的结构也进行了重大改造，笔画平直。隶书的出现又称为"隶变"，被认为是古文字和今文字的分水岭，为楷书的出现奠定了坚实的基础。楷书产生于汉末，一直沿用至今。

汉字在演变过程中由图画性的象形字逐渐变为以笔画为基本部件构成的符号性文字体系，结构由复杂变简单，书写由圆转变平直，字形逐渐统一，异体字大大减少，便于使用。

（三）汉字的"六书"

"六书"是汉代的学者根据对小篆的分析而归纳出来的一种文字理论，它把古人造字方法归结为：象形、指事、会意、形声、转注和假借。班固《汉书·艺文志》和郑众《周礼·保氏》都提到了"六书"，但只是排列名称，并未作详细的理论说明。许慎《说文解字·序》则对"六书"的内涵作了扼要的分析。

"六书"理论基本反映了汉字的构造特点，很多汉字都可以用"六书"理论加以分析，但"六书"理论也存在一些问题。"六书"是经过众人演绎而成，理论不够严密，包括汉代人对"六书"的一些问题也解释不清楚；"六书"的分类也不甚科学，许慎所列举的有些例字不够恰当；"六书"不足以概括所有的汉字结构方式。

"六书"的分类：

1.象形：一种描绘实物形体的造字法。分为独体象形字（如：人、山、女）和合体象形字（如：页、眉、果）两类。

2.指事：在象形的基础上加上了指示符号来标识字意所指的造字方法。分为独体指事字（如：一、九、十）和合体指事字（如：本、末、中）两种。

3.会意：把两个或两个以上的汉字部件加以组合，从而体现出一个新的意思，而对这个新义的理解需要依据相关事物之间的内在或外在联系做导向。如：信，《说文解字》这样解释"信"："信，诚也。从人、从言，会意。"取义于人言要真实可信。会意造字法突破了象形、指事的局限，扩大了造字的范围。

4.形声：取表示事物意义的字作为形符，再取表示事物声音的字作为声符，形符、声符合在一起就是形声字。

5.转注：关于转注，后来研究者解说不一，归纳起来主要有部首说、互训说、引申说和同源说。今人认为，无论转注是不是造字法，或者是怎样的造字法，转注字的形体肯定没有超出象形、指事、会意、形声这四种结构范围。

6.假借：语言中有某个词，但是没有专门用来记录它的字，人们便根据这个词的读音，找一个音同或者音近的字来寄托这个词的意义。一般来说，假借出现的原因有两个：一是控制汉字的数量；二是语言中有些词的意思很抽象，无形可象，于是借助同音的字来替代。

思考题：

1. 汉字起源于图画的说法是否完全正确？谈谈你的理由。

2. 简述汉字形体的演变。

3. 什么叫"六书"？什么叫"四体二用"？

三、古书中的用字

汉字历史悠久，使用人数较多，加之为适应交际需要等原因，不可避免会出现社会用字习惯的变化，这些变化表现为古书中的种种特殊用字现象，可归结为古今字、异体字和通假字。

（一）古今字

古今字是指对前代几个词或几个义共用的通用字与后代为了区别而新造的分化字的合称。前一个时代所用的字叫古字；后一个时代所用的字叫今字。古字和今字合起来就叫古今字。

古今字产生的途径：

1.将一字多词从字形上区分开。

2.词义引申使古字承担多个义项，为了减轻负担，便造新字来分担古字中的某一义项。

3.古字因假借而产生新义，为了使假借字和本字在形体上区分开，便用古字表示假借义，今字表示本义；或今字表示假借义，古字表示本义。

（二）异体字

所谓异体字，是指在某一历史时期，音义完全相同，只有构形不同，在任何情况下都可以互相替代的字。异形字又叫重文。由于汉字造字方法多样及时代、地域等多方面原因，人们可以从不同角度，或是选用不同的造字方法，或是采用同样的造字方法而选用不同的造字构件，或是选用同样的构件而位置不同等，来为同一个词造字，这就出现了同为一个词而有两个或两个以上的不同形体的字的现象。

（三）通假字

1.通假字和假借字的区别与联系

通假字是指古人在书写时本有其字而不用，却用了与本字同音或音近的字替代，临时替代的字叫通假字，被替代的字叫本字。

通假字与假借字的区别与联系

		假借字	通假字
性质		用字法	用字的变通现象
相同点		都是借音表义，本字与借字音同或音近	
区别	是否有本字	无	有
	产生的原因	解决新词的记录问题	解决文字书写问题
	时效性	长期替代	临时性
	例字	耳（耳朵）→语气词	惠（仁爱）→通"慧"，智慧

2.辨识通假字应注意的原则

上古语音的音同音近，不能以今律古；未找到文献例证的情况下，不能仅凭音同音近原则轻断通假；是否本字现存而不用，却用借字，需要有文献实证材料。

思考题：

1.试分析古今字产生的途径。

2.说明假借字与通假字之间的区别和联系。

四、古今词义的异同

语言是不断变化发展的，而词汇是语言要素中最为活跃的一部分。古今词义的差异，是学习古代汉语、阅读古典文献的一大障碍。不分古今，忽视词义的演变，就不能准确理解古典文献。

古今词义演变的规律大致如下：

（一）词义的扩大

词义的扩大是指今义的范围大于古义，古义包含于今义之中。如："河"本是黄河的专称，现泛指"天然或人工的大水道"。（《现代汉语词典》）

（二）词义的缩小

词义的缩小是指今义的范围小于古义，今义被包括在古义的范围之内。如："虫"古义泛指一切动物，今义的范围显然小于古义。

（三）词义的转移

词义的转移是指词义由古义转移到今义，古义的范围和今义的范围互不包容，但两者之间又存在某种联系。"兵"在《说文解字》中解释为"械也"，古义指兵器，今义指军人、军队等。

（四）词义情感色彩的变化

词义情感色彩的变化是指某些词义所表示的基本概念没变，但是褒贬色彩发生了变化。"爪牙"本是褒义词，指得力的武将，现代汉语中多比喻坏人的帮凶。"谤"在先秦时期指公开议论批评，是一个中性词，后来由中性词演变成了贬义"诽谤。"

思考题：

1. 理解古今词义的异同，对我们阅读古代汉语文献有什么益处？
2. 举例说明古今词义异同的几种情况。

五、词的本义和引申义

词汇是语言的建筑材料，词汇中的每一个词都是言语交际的最基本的单元。王力先生曾说过："古代汉语的问题，主要是词汇的问题，解决了词汇问题，古代汉语就解决了一大半了。"

一个词在产生之初的意义，就是这个词的"本义"。然而汉语历史悠久，由于缺少资料和文字考证，史前汉语是什么样子，我们已经难以知晓。所以，古汉语学界通常把词的本义定义为：词的有文字形体可考、有文献资料可资参证的初始意义，即文字所记录的词的初始意义。

语言中绝大多数词都不止一个意义，一个词往往具有几个相互有联系的意义。在本义基础上直接或间接引申发展而产生的意义，叫作词的引申义。

（一）词义引申的方式

1. 连锁式。
2. 辐射式。
3. 综合式。

（二）词义引申的规律

1. 由个别到一般。
2. 由具体到抽象。

思考题：

1. 什么是词的本义？辨明词的本义有什么意义？

2. 简述词义引申的方式和规律。

六、词类活用

关于词类活用，首先要区分清楚和词的兼类之间的区别。词的兼类是指某个词由于词义的引申而具有的两个或两个以上的词性和词义，具有固定性。词类的活用是指在特定的语言环境中临时具有另一类词的语法功能，它具有临时性。

（一）名词活用为动词

1.句子中名词后面如果有宾语或者补语，名词一般活用为动词。如：沛公军霸上。（《史记·项羽本纪》）

2.句子中如果名词受助动词或者副词的修饰，则活用为动词。如：假舟楫者，非能水也，而绝江河。（《荀子·劝学》）

3.句子中两个名词连用，这两个名词之间既不是并列结构，也不是偏正结构，则其中有一个名词活用为动词。譬如，乃丹书帛曰："陈胜王"。（《史记·陈涉世家》）

4.名词用于"所"字之后或"者"字之前，构成"所"字短语或"者"字短语，这个名词活用为动词。如，共而从军，神之所福也。（《左传·成公十八年》）

5.名词如果通过"而"与其他词或短语连接起来，这个名词活用为动词。如：齐军既已过而西矣。（《史记·孙子吴起列传》）

（二）动词、形容词、名词的使动用法

1.动词的使动用法，就是主语使宾语发出谓语动词所表示的动作行

为。如：故远人不服，则修文德以来之。（《论语·季氏》）

2.形容词的使动用法，是使宾语所代表的人或事物具有这个形容词所表示的性质或状态。如：诸侯恐惧，会盟而谋弱秦。（《过秦论》）

3.名词的使动用法，是使宾语成为这个名词所表示的人或物。相较于动词和形容词的使动用法，名词的使动用法没有那么普遍。如：先生之恩，生死而肉骨也。（《中山狼传》）

（三）形容词、名词的意动用法

1.形容词的意动用法，是指主语主观上认为宾语具有这个形容词所表示的性质或状态。如：吾妻之美我者，私我也。（《战国策·齐策》）

2.名词的意动用法，是主语主观上把宾语看成这名词所表示的人或物。如：友风而子雨。（《荀子·赋》）

（四）为动用法

动词对于宾语含有"为宾语怎样"的意思，宾语是动作的目的，这种用法叫作为动用法。

1.表示"给"（替）宾语实施某种动作。如：夫人将启之。（《左传·隐公元年》）

2.表示"为了"宾语实施某种动作。如：等死，死国可乎？（《史记·陈涉世家》）

思考题：

1.举例说明如何判断古代汉语词类活用，熟悉词类活用规律有什么意义。

2.简述名词活用作动词有哪些条件。

七、名词作状语

现代汉语中，除时间名词、处所名词外，名词一般不单独作状语，通常要与介词组成介宾结构或有助词"地"的帮助才能作状语。而在古代汉语中，名词不需要其他词的帮助，可直接用在动词前充当状语。常见用法如下：

（一）普通名词作状语

1.表示比喻。具有修辞色彩，理解为"像……一样"。如：射之，豕人立而啼。（《左传·庄公八年》）

2.表示对人的态度。表示像对待状语那样去对待宾语，理解为"像对待……那样"。如：吾得兄事之。（《史记·项羽本纪》）

3.表示工具或凭借。用名词状语所表示的事物来说明动作行为所使用的工具或依据，含有"用……""按……"或"根据……"的意思。如：箕畚运于渤海之尾。（《列子·汤问》）

4.表示处所。说明动作行为发生的地点，表示"在哪""从哪"的意思。如：卒廷见相如，毕礼而归之。（《史记·廉颇蔺相如列传》）

（二）方位名词作状语

方位名词作状语表示动作行为发生的方位，即"向……""在……"的意思。如：河渭不足，北饮大泽。（《山海经·夸父逐日》）

（三）时间名词作状语

重点介绍"日""月""岁""时"作状语时的含义。

1."日""月""岁"放在表示动作的动词前，分别有"日日（每日）""月月（每月）""年年（每年）"的意思。例如：

吾日三省吾身。（《论语·学而》）

良庖岁更刀，割也；族庖月更刀，折也。（《庄子·养生主》）

2. "日"字用在形容词或表示性质变化的动词前，表示"一天天地"意思，带有发展变化的逐渐性。如：服事者简其业，而游学者日众。（《韩非子·五蠹》）

3. "日"字用在句首主语前，表示"从前"，有追溯过去的意思。如：日君以骊姬为夫人，民之疾心固皆至矣。（《国语·晋语》）

4. "岁""时""日"用在动词前，分别有"按年""按时""按日"的意思，表示条件依据。如：秋水时至，百川灌河。（《庄子·秋水》）

思考题：

1. 名词作状语有哪些类型？请举例说明。

2. 名词作状语是否属于古代汉语词类活用现象？谈谈你的理解。

八、判断句和被动句

（一）判断句

用名词或名词性词组作谓语，表示判断的句子，叫判断句。现代汉语的判断句主语和谓语之间一般要用表示判断的动词"是"联系；可是古代汉语中一般不用"是"，而是借助其他词帮助表示判断。

常见的判断句类型有：

1.用语气助词"者""也"表示判断。

2.用副词表示判断。

3.用动词"为"表示判断；用判断词"是"表示判断。

古代汉语的判断句有三种活用现象：

1.比喻判断句。运用判断句的形式表示暗喻。如：君者，舟也庶人者，水也。（《荀子·王霸》）

2.因果判断句。运用判断句的形式表达因果关系的复句内容。如：良庖岁更刀，割也；族庖月更刀，折也。（《庄子·养生主》）

3.特殊判断句。这类判断句在特定的语言场合省略了某些成分。如：夫战，勇气也。（《左传·宣公十年》）

（二）被动句

被动句是同主动句相对而言的，被动句的主语不是谓语动词的施事者而是受事者。古代汉语的被动句有两种：

1.无形式标志的被动句。如：十三年，晋侯弑。（《国语·用语》）

2.有形式标志的被动句。现代汉语中一般用介词"被"引进动作行为的主动者，而古代汉语则通过介词"于""为""被"和助词"见"构成被动句式来表示被动。例如：

通者常治人，穷者常治于人。（《荀子·荣辱》）

兔不可复得，而身为宋国笑。（《韩非子·五蠹》）

信而见疑，忠而被谤。（《史记·屈原列传》）

秦城恐不可得，徒见欺。（《史记·廉颇蔺相如列传》）

思考题：

1.试述古代汉语被动句的结构方式。

2.讨论古代汉语判断句中"是"的词性与作用。

3.试论古代汉语被动句的语法特点。

九、宾语前置

宾语前置是古代汉语中常见的一种特殊语序，是宾语可以置于动词谓语前。一般如下情况可以宾语前置：

（一）疑问句中，疑问代词作宾语前置

1.疑问句中，疑问代词作动词谓语的宾语时，一般放在谓语前。如：臣实不才，又谁敢怨？（《左传·成公三年》）

2.疑问代词作介词的宾语，一般也置于介词之前。如：乃入见曰："何以战？"（《左传·庄公十年》）

3.疑问代词作介词宾语或作动词宾语，也有不前置的情况。如：子夏云何？（《论语·子张》）

（二）否定句中，代词宾语前置

1.在有否定词"不""毋""未""莫"的否定句中，宾语如果是代词，一般置于动词谓语之前。如：父母之不我爱。（《孟子·万章上》）

2.用否定词"弗""勿"的否定句，代词宾语习惯上不前置，偶尔有前置情况。如：大国亦弗之从而爱利。（《墨子·非攻》）

3.先秦时期用否定词"不""毋""未""莫"的否定句，代词宾语也有不前置的，只是数量较少。如：知我者谓我心忧，不知我者谓我何求。（《诗经·王风·黍离》）

（三）宾语前置表示强调

1.有时为了强调宾语，把宾语置于谓语之前，而在宾语后用代词"之""是""焉"等复指前置的宾语。如：将虢是灭，何爱于虞。（《左传·僖公五年》）

2.有时还在前置的宾语前面加上副词 "惟"，表示动词的物件的单一性。例如：使弈秋诲二人弈，其一人专心致志，惟弈秋之为听。（《孟子·告子上》）

3.有时为了表示强调，也可把宾语置于介词之前。如：将子无怒，秋以为期。（《诗经·卫风·氓》）

思考题：

1.古代汉语宾语前置的特点是什么？怎样判断宾语前置？

2.试述古代汉语宾语前置的作用。

十、古书的标点

古书标点，是根据古书的内容，用标点符号把原文的停顿、结构和语气等准确清楚地标示出来。

（一）古书标点的产生和发展

古书是没有标点符号的，作者写作时既不分段，也不断句，前人读书时要自己根据文意和语气，在应该停顿的地方用简单的符号断开，这就是句读。

《礼记·学记》云："比年入学，中年考校，一年视离经辨志，三年视敬业乐群……" "离经"就是指学习如何断句。古人读书用句读加以标记汉代就已经出现了，真正刻书加句读则始于宋代。但加句读的古书毕竟是少数。直至清末，大多数古书仍是不断句的。"五四"以后才出现了用现在通行的标点符号标点的古书。古人的句读不同于现代意义上的古书标点。我们今天给古书标点，不但要断句，还要用标点符号标志句子的语气等。

（二）古书标点的基本要求

文意必须通畅；内容必须符合情理；语句必须符合文言语法。

（三）古书标点的方法

1. 反复阅读全文，把握文章内容和内在的逻辑联系。
2. 利用常用句首、句尾的虚词断句。
3. 利用声律韵脚断句。
4. 利用排比和对偶断句。
5. 根据语法规则断句。

思考题：

给下列语段添加标点并译成现代汉语。

谢太傅寒雪日内集与儿女讲论文义俄而雪骤公欣然曰白雪纷纷何所似兄子胡儿曰撒盐空中差可拟兄女曰未若柳絮因风起公大笑乐即公大兄无奕女左将军王凝之妻也

陈太丘与友期行期日中过中不至太丘舍去去后乃至元方时年七岁门外戏客问元方尊君在不答曰待君久不至已去友人便怒曰非人哉与人期行相委而去元方曰君与家君期日中日中不至则是无信对子骂父则是无礼友人惭下车引之元方入门不顾

第三部分　小学古诗教学设计参考

《登鹳雀楼》教学设计

教学目标

1.理解古诗，体会诗人描绘的意境，明白站得高看得远的道理。

2.有感情地朗读古诗，背诵古诗。

3.了解王之涣本人和他的《凉州词》《送别》，并能背诵这两首古诗。

教学重点

朗读背诵《登鹳雀楼》，能背诵《凉州词》《送别》。

教学难点

理解诗人所要描绘的意境和诗中告诉人们的道理。

教学过程

一、导入

1.教师出示《登鹳雀楼》的课文插图，并问学生："谁能根据这幅画编一个故事或说一段话？"让学生进行交流。

2.教师（边指图边讲）：在我国唐朝，有一位大诗人，名叫王之涣。一天傍晚，王之涣来到黄河岸边，他看到夕阳挨着群山慢慢落下，像个大红球，染红了天边，滚滚的黄河水浩浩荡荡流向大海。诗人感到，这里的景色太美了！但是他不满足于眼前看到的景象，还想知道远处的风景又是什么样的，只可惜站在这里看不到。同学们，你能想个办法让诗人王之涣看到远处的风景吗？

3.如有学生提出可以登上旁边那座楼时，教师讲解：这座楼它叫鹳雀楼。板书 "鹳雀楼"，并请学生齐读。

4.同学们，课题中就出现了两个生字宝宝，我们先来看第一个字 "雀"，怎么读？你怎么记住它？"楼" 呢？学生交流识字方法。

5.课件呈现鹳雀楼资料。同学们，我们接着来替诗人想办法，诗人仅仅登上这座楼就能看到远处的风景吗？那我站在楼的一层，行吗？

师：谁知道为什么登上鹳雀楼就能看到远处的风景呢？

生：因为站得高就看得远。

师：你说得太好了！诗人王之涣登上鹳雀楼后，明白了这个道理，想要看得更远就要站得更高，于是就写了一首诗，题目就叫《登鹳雀楼》。（教师以画的形式再现了这首古诗的内容："鹳雀楼、高山、夕阳、诗人、黄河"，并启发学生看图说话，说出诗意，理解这首古诗包含的 "站得高，看得远" 的道理，使学生对作者、诗意留下深刻印象，自然进入到古诗的学习中。）

二、指导朗读古诗

1.出示有关诗人的资料，让学生了解诗人。

2.课件呈现古诗。教师示范读古诗。

3.请学生示范朗读：哪位小老师能上来教一教大家？

4.指导学生平仄读古诗。

5.学生齐读（背诵古诗）。

过渡：刚才老师看到很多小朋友已经能背诵这首古诗了，现在请小朋友闭上眼睛，来欣赏一段优美的乐曲，边听边想象诗描绘的画面。（学生闭上眼睛，在优美的古筝曲中，随老师的提示想象画面。）

三、学习古诗

1.同学们，你们刚才看到了一幅怎样的画面？（自主交流）

2.（呈现古诗的前两句）诗人看到了什么？"白日"是什么意思？"依"又是什么意思？换个词语来解释一下。

3.（呈现诗的后两句）诗人看到了如此美景，他想到了什么？（学生齐读后两句）"欲"是什么意思？"千里目"呢？

4.谁能用自己的话把诗的意境描述一下呢？

5.从王之涣的诗中你明白了什么道理？

《望庐山瀑布》教学设计

教学目标

1.学会本课生字，能正确读写 "庐、瀑、炉、疑" 4个生字。

2.有感情地朗读《望庐山瀑布》，背诵并默写。

3.理解诗句，想象诗中描绘的景象，感受诗句的优美，品味诗人用词的精妙，体会诗人表达的思想感情。

教学重点

通过观察画面，吟诵古诗，想象意境，理解诗句，体会诗人表达的思想感情。

教学难点

边读边想象画面，品词赏句，体会诗人所表达的感情。

教学过程

一、理解诗题，知晓诗人

1.师：同学们，大家肯定知道唐代大诗人李白，他号称 "诗仙"，5岁时就开始读书习字，读了很多书，26岁起离乡远游，走了大半个中国。今天，我们要学习的《望庐山瀑布》就是他畅游庐山后写下的。

2.解题：指课题，齐读。谁知道诗题的意思？瀑布是什么样子的？谁看见过？知道庐山在什么地方吗？

庐山在江西省九江市的南边，庐山的瀑布举世闻名。现在就请小朋友们跟着老师随着诗仙李白一起去庐山游览一番吧！

二、疏通句读，初知诗意

1.读准字音，认识生字。

请同学们看大屏幕或书自由朗读这首诗，注意读准字音。认识生字，相机区别"庐、炉"；指名读整首诗，纠正读音；然后齐读。同时，指导学生读出诗的韵律美。

2.出示诗的停顿及重音，看谁能读出古诗的节奏美。

望/庐山瀑布　李白

日照/香炉/生紫烟，遥看/瀑布/挂前川。飞流/直下/三千尺，疑是/银河/落九天。

3.男、女生赛读；全班齐读。

4.读着读着，你仿佛看到了什么？想去游览一番吗？（观看庐山风光片，饱览庐山秀美的风光。）

三、再读领悟诗情

1.站在这样极具震撼力的瀑布前，诗人李白的心情非常的激动，请你们再去细细地读古诗，想想看自己从诗句中读懂了什么。

2."飞""直"写出了瀑布的什么特点？

水流快、山势陡，真有三千尺吗？这是一种什么修辞手法？（夸张手法）长长的水流，飞快地从山上直泻而下。

3.补充"银河""九天"各指什么？

银河：晴天夜晚，天空呈现出一条明亮的光带，夹杂着许多闪烁的小星，看起来像一条银白色的大河。

九天：天的最高处。古人认为天有九重，最高的一重称为九天。诗里形容极高的天空。

4."疑"是什么意思？作者疑什么？用自己的话讲一讲这句诗的意思。

由瀑布到银河，这是作者的一种奇特的联想，将瀑布的湍急、倾泻而下的特点展示无余。

四、细品诗韵，抒发胸臆

1.请小朋友们再读古诗，在充分感受诗人丰富想象力的同时再想想这首诗里有哪些字用得特别妙。

预设一 "生"字的妙用

师："生"字是什么意思？诗人为什么不用"升"而用"生"呢？

香炉峰被烟雾笼罩，在阳光的照耀下，一团团紫烟不断从山谷中升起，景象美不胜收。"升"字仅仅只能说明烟雾升起，不一会儿就散去；而"生"字还含有"产生"的意思，这说明香炉峰始终处于云雾缭绕之中。

预设二 "挂"字的妙用

谁能把瀑布挂在山川前面？……

2.老师引导学生体会大自然的神奇，激发学生热爱大自然的思想感情。同时小结：你看，仔细一品，这首诗的每一个字都闪烁着金子般的光芒，这就是古诗的语言美。

3.此时，你就是大诗人李白，你的眼前出现了这样的景象：万丈青山衬着一道白银，瀑布飞腾奔涌，倾泻直下，你想怎样吟诵这首诗？（学生根据自己的习惯或坐或立，也可以加动作，有感情地读诗。）

4.配乐朗读，引导学生背诵。

《村居》教学设计

教学目标

1.认识"莺、拂、堤、柳、醉"5个生字,会写"诗、村、童"3个生字。

2.能正确、流利地朗读古诗《村居》,并能背诵积累。

3.想象画面,能用自己的话说出诗句描述的春天美景。

教学过程

一、营造氛围,导入新课

1.说说描写春天的词语。

示例:春暖花开、莺歌燕舞、万紫千红……

2.教师出示课题《村居》,讲解、示范"村"的书写。

二、初读古诗,感受韵味

1.学生自读,出示要求。圈出生字,读正确。同桌互读互查。

2.指名读,教师正音。

注意以下字的读音:"莺"是后鼻音,"趁"是前鼻音,"鸢"要读准。教师顺势出示风筝的图片,指出"纸鸢"即风筝。

3.交流生字识记方法,教师重点讲解"醉"。

(1)"醉",形声兼会意,可从会意字角度引导学生识记。

(2)用"醉"组一组词语。想一想,诗中的"醉"是什么意思。

4.再读古诗。

(1)出示要求:圈画出句末韵母是"an"的字,这些字要读得响亮。

（2）学生先练读，然后指名读。教师表扬读得好的地方，如读得不够好，可以教师范读。

三、想象画面，体悟美好

1.教师朗读，学生想象：仿佛看到了什么？

教学预设：若学生说得不够好，只是粗浅地点到为止，教师可做如下指导。

（1）借助书上的插图想象：孩子们在干什么？他们脸上的表情会是怎样的？

（2）由自己放风筝或参加其他快乐游戏时的情景想开去，想象诗中的孩子们会是怎样的。

（3）除了看到一群孩子正趁着春风开心地放风筝，你仿佛还看到了什么？引导学生抓住具体的事物想象画面，如"草、莺、堤、杨、柳"，以这些事物为依托展开想象，让画面更加丰富、立体。

2.在情境中识记生字"拂、堤、柳"。可创设情境，引导学生想象：长长的柳条随风摆动，它是怎样拂着堤岸的？在想象中丰富对诗歌的理解、体悟。

3.根据学生的发言，相机点拨，帮助学生对这首诗形成整体的、形象的感知。

4.课件出示古诗插图，师生合作朗读。教师描述诗句中的春天，学生相机读诗句。示例如下：

师：早春二月，小草长出了嫩绿的芽儿，黄莺在天上飞着，欢快地歌唱。

生：草长莺飞二月天。

师：杨柳披着长长的绿枝条，随风摆动，轻轻地抚摸着堤岸，它仿佛在春天里醉了。

生：拂堤杨柳醉春烟。

师：村里的孩子们放学后急忙跑回家，趁着春风把风筝放上蓝天。

生：儿童散学归来早，忙趁东风放纸鸢。

四、朗读积累，背诵古诗

1.以补白的形式帮助学生背诵古诗。

2.去掉文字，看图背诵古诗。

3.配乐背诵古诗。

五、抓住特点，书写生字

1.出示生字"诗、童"，学生观察这两个字的特点以及在田字格中的位置，在纸上试着写一写。

2.教师范写，提示书写要点。

3.学生练写，评价反馈。

《绝句》教学设计

教学目标

1.认识"绝、鹏、鸣、含、岭、泊"6个生字，读准多音字"行"，会写"绝、含、岭、吴"4个字。

2.能正确、流利地朗读《绝句》，并背诵下来。

3.能初步了解《绝句》中诗句的意思，说出诗句描绘的画面。

教学过程

一、揭示课题，了解作者

1.板书课题，相机指导"绝"字的写法。

2.简单介绍诗人：杜甫是唐代著名诗人，他从小很好学，七岁就会作诗，他的诗很有名。这首诗是他居住在成都草堂时写的。

二、初读古诗，识记生字

1.学生自由读古诗，圈出生字，看清字形，读准字音，难读的字多读几遍。

2.结合插图，学生认读生字和多音字。

（1）出示词语：黄鹏、白鹭、鸣唱、一行、西岭、停泊。

（2）结合插图，学生认读识记词语，读准多音字"行"，相机理解"泊"是停船靠岸的意思。

3.学生再次大声朗读古诗，指名读、齐读、教师范读，相机指导读出诗的节奏。

三、图文结合，想象画面

1.指名找出前两句诗中描写的景物。

（1）学生自读，动笔画出诗中描写的景物。

（2）师生交流，相机板书：黄鹂、白鹭、翠柳、青天。

2.理解诗意。

（1）通过 "鸣"字启发学生想象黄鹂快乐鸣唱，歌声动听。

（2）通过 "上"字引导学生感受白鹭飞得高远、姿态优美的情景。提问天空中的白鹭是怎么飞翔的？

（3）带着学生体会读诗句。

3.感受诗中的色彩美。

（1）教师引导：找出 "两个黄鹂鸣翠柳，一行白鹭上青天"这两句诗写到了哪几种色彩。

（2）教师引导：这么多色彩，带给你什么感受呀？请带着你的感受朗读。

4.教师范读古诗，学生想象画面。

引语：诗中藏着美美的图画，不信试试看。请同学们闭上眼睛，听老师读这首诗，看看你的眼前会出现怎样的画面？

5.学生结合插图，说说看到的画面。先自己说，再同桌互相说，然后全班交流。

6.指导朗读。

引语：诗中藏着的这幅色彩艳丽、充满活力的春天美景图，被同学们用想象画面的方法给找出来了。多么美丽自然的一幅画啊！诗人很喜欢这风景，你们喜欢吗？用朗读表达自己的这种喜爱吧！

四、借助插图，突破难点

1.学生自读后两句诗，边读边想：读懂了什么，哪些读不懂，和同学交流。

2.全班交流，理解难点。

（1）提问西岭、雪山怎么看上去好像装在窗户里呢？看课本插图，看看诗人是在什么地方看美景的？

（2）引导理解：西岭、雪山被包含在窗框之中，像画框中镶嵌着一幅壮美雪山图。（可让学生透过教室窗户看窗外辅助理解）

（3）图文结合，提问：这些停泊着的船要到哪里去？相机讲解东吴离成都很远。

（4）理解"万里"和"千秋"。顺接上个环节，提问：东吴离诗人居住的地方是不是真的有一万里远呢？出示诗句"飞流直下三千尺，疑是银河落九天"，回顾体会"三千尺""落九天"夸张的写法。结合诗句理解"千秋"和"万里"是诗人用夸张的方法来写时间久、路途远。顺势引导学生了解夸张是古代诗人常用的修辞方法，以后读古诗时会经常遇到。

3.朗读全诗，熟读成诵。

（1）学生自读。

（2）指名读，师生对读。

（3）引导背诵。

五、比较字形，指导书写

1.分类比较，指导书写"吴、含、岭"。

先出示"吴、含"，引导学生观察，交流书写要注意的问题。教师范写，相机指导。出示"岭"，将"岭""含"再作观察、比较，分辨清楚有点和无点。另外要强调"山"做偏旁时竖折要斜。

2.学生描红、临写4个字，教师巡视指导。

3.展示讲评，学生再次临写。

《送元二使安西》教学设计

教学目标

1.感悟诗歌的内容，想象诗歌所描绘的情景，体会朋友之间的深厚友谊。

2.有感情地朗读古诗，背诵古诗。

3.激起对祖国诗歌的热爱之情，培养课外主动积累诗歌的良好习惯。

教学过程

一、复习导入，揭示课题

1.复习旧知，谈话导入。

（1）教师问学生在课外都积累了哪些古诗？学生反馈背诵。

（2）由旧知引入送别诗。

2.指导读诗题，解诗题。

（1）教师板书课题，学生试读课题。学生反馈。教师提醒：诗题告诉我们是谁送谁到什么地方去？

（2）指名读课题，学生思考：从课题中读懂了什么？

（3）教师总结，重点强调。元二：姓元，在弟兄中排行老二，因此称他为元二。安西：指安西都护府，在今天的新疆库车附近，唐朝时设立在西北边疆的最高军政机构。

（4）教师指导读课题。

3.学生齐读课题。

二、初读古诗，掌握大意

1.学生自由读古诗，要求读准字音，读通诗句。在读的过程中，注意两个生字和几个多音字的读音。指名学生读诗，适时纠正错误读音。教师相机强调多音字，区别不同意义的多音字的读音，并让学生组词。重点学习"舍""朝"等字。教师指导学生书写"舍"字，明确告诉学生要求：这是教材中要求掌握的生字，大家在写的过程中要注意人字头的写法。教师巡视。

2.学生默读古诗，要求结合注释理解诗意。

（1）请大家默读古诗，联系生活实际，思考这首诗讲了什么？（提醒学生结合注释）理解地名时，教师可适时出示从渭城到安西的地图，引导学生体会渭城至安西的路途遥远。

（2）指名学生说全诗大意。老师发现学生理解的难点，并适时指导理解难理解的词语。

（3）出示背景视频，教师总结诗意并抒情解说，学生回顾古诗大意，体会古诗中朋友离别时依依不舍的情境。

3.学生同桌互读，要求读出感情，注意节奏。

（1）教师配乐范读古诗。

（2）学生多种方式读诗，教师指导学生有感情地读诗。

（3）学生配乐齐读。

三、创设情境，悟酒中情

1.从这首诗中，我们体会到了离别时朋友之间的依依不舍之情，请大家看大屏幕，你们又有什么感受呢？

2.学生交流、反馈。

3.引导学生感受：渭城距安西遥远，自然环境恶劣，一路上交通不便，元二孤身前往安西，远离朋友，举目无亲，作为朋友，王维心中一

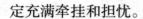

定充满牵挂和担忧。

4.出示后两句诗，教师范读。

5.启发学生思考这一杯杯的酒中包含着什么？教师引导学生读后两句。

师：离别之际的留恋与不舍，都赋予了临别时的这一杯酒不一样的意义。让我们举起酒杯，送别元二。

生：劝君更尽一杯酒，西出阳关无故人。

师：前路珍重的关切与牵挂，都凝聚为离别时的瞬间豪爽，让我们再次举起酒杯，送别元二。

生：劝君更尽一杯酒，西出阳关无故人。

四、尝试背诵，拓展延伸

1.背诵《送元二使安西》。

2.古诗中还有许多是写送别的，请同学们读一读你们课外所搜集到的送别诗。

《送孟浩然之广陵》教学设计

教学目标

1.认识5个生字，会写7个生字。能正确理解"西辞""烟花三月""尽""唯"等词语。

2.正确、流利、有感情地朗读诗歌，背诵诗歌。

3.体会诗句的意思，想象诗歌描写的意境，感受朋友依依惜别的情谊，激发阅读古诗的兴趣。

教学重点

学习生字，有感情地朗读、背诵古诗。

教学难点

理解诗歌的内容，体会作者的思想感情。

教学过程

一、课前导入

1.你了解李白吗？（课件呈现李白素描图）

2.（过渡）千年圣地黄鹤楼，如诗如画江南春。当时诗人李白本该和老朋友孟浩然在黄鹤楼上共饮美酒、吟诗作赋，但此时老朋友却要东下扬州，这真是世间离别情万种，多有诗人诉心声。今天，我们一起来学习李白的这首送别诗。

二、解诗题，知作者

1.师：同学们，老师写在黑板上的课题少了哪个字呀？（陵）这是我们这节课要掌握的生字之一。

2.师：从题目中，你知道了什么？（学生交流自己读题后所得：送的地点，谁送谁，"之"的含义，对黄鹤楼、广陵及人物的了解，李白和孟浩然友谊故事等。）

3.教师随机点拨学习方法：搜集资料，也是理解古诗的一个方法。

师：题目中的关键词我们都知道了，你能连起来说说题目的意思吗？（学生试着说题目意思）

4.师：古代交通不方便，朋友分别之后就很难再见，于是写诗送别就成了一种风气。然而，李白和孟浩然在黄鹤楼的这一送别却引起了轰动，因为这里有"三名"：在名楼黄鹤楼，送名人孟浩然，到名地广陵。孟浩然和李白有一样的兴趣爱好、一样的才华，这使他们互相仰慕、相见恨晚，即使是短暂的离别，也那么依依不舍。

三、读通读顺，整体感知

1.自己先放声读读，读的时候一定要看清字形，读准字音。

2.学习生字。

3.请一个同学来读这首诗，老师给你加点伴奏，希望你能读出韵味。其他同学边听边想想你的头脑中会浮现出怎样的情景？

4.正像大家说的，这首诗描写了孟浩然在黄鹤楼向李白告别和李白站在岸边目送孟浩然远去这两个情景。有谁知道哪几句诗描写了孟浩然在黄鹤楼向李白告别的情景？哪几句诗描写了李白目送孟浩然的情景？（学生读诗句，交流：前两句描写了孟浩然告别的情景，后两句描写了李白目送孟浩然的情景。）

四、感悟诗境，品读古诗

1.师：哪个同学能帮我贴出黄鹤楼和扬州的位置？指名上台贴出"黄鹤楼""扬州"，并问贴对了吗？

生：对。

师：为什么这么贴？能结合诗句说一说吗？

师：扬州是东南都会，自古繁华，现在又逢三月，这个季节去扬州，李白仿佛看见了扬州怎样的一番景象？

生：也是花团锦簇、绣户珠帘，繁荣而又太平……

师：老师请大家欣赏下这时的江南一带的美景。（播放课件）此时此情此景，好友要去繁华都市，你有什么想说的？

师（小结）：孟浩然要去的地方真是好地方，时间也选择得恰当。李白对友人的这次出游自然十分羡慕，也表达了诗人内心的愉快与向往。

师：有一个读书的好方法，那就是展开想象。请想象刚才说的画面并带自己的感觉读读这两句诗。

2.师：孟浩然的船走了，可李白还在黄鹤楼上久久地望啊望啊，他在看什么啊？

生（教师指名）：船。

师：几只？

生：一只。

师：诗中哪儿告诉我们？

生：孤帆。

师：对！孤帆就是。

生：孤孤单单的一只船。

师：为什么李白只看见孟浩然的孤帆呢？

生：因为李白所有的注意力和感情都在孟浩然身上。

师：李白眼中只有孟浩然，看到的自然就只有孟浩然的孤帆。过尽千帆皆不见，一心只送孟浩然。这是多么深厚的友谊啊！

3. "孤帆远影碧空尽"，真的都尽了吗？不尽的是什么？不尽的是滚滚长江水，不尽的是对孟浩然的无限思念之情。

4.送上祝福的话。此情此景，李白望着孤帆远去会在心里默默地对远去的孟浩然说些什么呢？（江水是永远流不尽的，我们之间的情意也是不会断的。今天你远去，我们何时再能相会？愿你一帆风顺、一路平安……）

5.就像老师上课开始时介绍过的，写送别诗已经成为当时的一种风气，有许多诗人都在送别他的亲人和朋友时，以寄情于诗的方式表达出自己的深情厚谊。请再看送别诗（出示送别诗）。古诗的学习还需要平时的积累，希望大家课下能多积累、多背诵送别诗。

6.师：孟浩然的孤帆渐渐远去，渐渐消失了。李白还在看什么啊？

生：江水。

师：哪句诗告诉我们？

生：唯见长江天际流。

师：唯见是什么意思？

生：只看见。

师：对，只能看见江水了，为什么李白还不离开啊？

生：舍不得。

师：这又是怎样的感情啊？

生：依依惜别，难分难舍。

师：是啊，怎样才能读出难分难舍的感情？自己读读看。

五、小结

相见时难别亦难，从这首千古流传的送别佳诗中，我们感受着古人那浓浓的情意，其实这样的深情谁没有遇到过呢？谁没有这样的亲人朋友呢？一样的深情，别样的故事，下节课我们继续感受诗人王维和朋友依依惜别的深情。

六、作业

背诵默写本诗。

《赋得古原草送别》教学设计

教学目标

1.会认 5 个生字。

2.朗诵古诗，熟读成诵。

3.通过看图读诗，使学生体会到作者对友人的依依惜别之情。

教学重点

掌握生字，有感情地朗读、背诵古诗。

教学难点

理解诗歌的内容，体会作者的思想感情。

教学过程

一、图画激趣，巧妙导入

1.出示课件：以书上图画为基本，加上"古道""荒城"和远行的人，再配以春风吹拂草地的动感，在学生眼前展现一幅生机盎然的草原美景图。

2.在出示课件的同时，响起悠扬、凄婉的古筝曲，渲染草原的空旷和离别的愁绪。

3.同学们，用你们的心去静静地听，用你们的眼睛仔细地看，你看到了什么？想到了什么？感受到什么？给孩子们一分钟时间欣赏音乐和动画，放手让学生全身心地投入到音画之中，像诗人一样，尽情地去感受、去体验。

4.学生自由表达，谈谈自己此时的感受。相机引导学生赞叹草原的

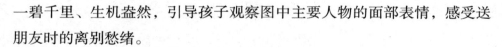

一碧千里、生机盎然，引导孩子观察图中主要人物的面部表情，感受送朋友时的离别愁绪。

二、整体通读，读准字音

1.出示带拼音的生字卡片，卡片外形像小草，指名认读。请自信、声音响亮、读音正确的同学当小老师，带着大家读生字。

2.快速看看这首诗，一共有几句？（8句）你能把每一句诗都读正确吗？孩子们自由练读，教师巡回辅导。你觉得自己哪句话读得最棒？想读给大家听吗？

3.哪位同学能把第一至四句诗连起来读？哪位同学能把第五至八句诗连起来读？如果两位同学能合作，把这首诗连起来读就更棒了。同座之间相互合作，试着读吧。

三、读品结合，渐入诗境

1.从同学的朗读中，你感受到什么？

2.这首诗中还有你不明白的地方吗？根据学生质疑，相机引导孩子们结合图文感悟。

（1）"离离原上草，一岁一枯荣。野火烧不尽，春风吹又生。"这四句诗班上部分学生曾经学过，可利用学生已有的知识经验作为教学资源，让学生之间相互解决疑问。

（2）"远芳侵古道，晴翠接荒城。"两句诗可利用草原图像来帮助学生想象、感悟草原的辽阔和美丽。

（3）"又送王孙去，萋萋满别情。"引导学生在读中通过"满"字感受不忍分离的离别之情。

3.不懂的地方弄明白了，再读读诗。你最喜欢哪句诗？请把自己最喜欢的那一句诗读给大家听。分别指多名学生诵读，引导学生在读中感悟，使学生渐渐进入诗境。

四、整体诵读，体悟诗蕴

1.齐读全诗。

2.音乐响起，老师有感情地诵读，请同学们闭上眼睛听。提示：你听到了什么？感受到什么？与开课初步感知相照应，老师引导学生体悟诗蕴。

3.这么美的诗，你能把它背下来，记在脑子里吗？（自由背、指名配乐背、配乐齐背）

五、小结全诗，课外延伸

这首诗为唐朝大诗人白居易 16 岁时所作，全诗 40 个字，把其所看、所想、所感全写出来了。他一生写了 3800 多首诗，是我国古代著名的大诗人。回家后，大家找找白居易的其他诗读一读，感受其中的诗情画意，借此激发学生读古诗的兴趣。

《示儿》教学设计

教学目标

1.通过反复朗读古诗，感悟诗歌意境。

2.背诵古诗。

3.合作学习，理解诗句，体会诗人渴望收复失地、统一祖国的爱国之情。

教学重点

通过反复朗读古诗，感悟诗歌意境。

教学难点

合作学习，理解诗句，体会诗人渴望收复失地、统一祖国的爱国之情。

教学过程

一、情境导入

播放背景音乐，请同学们闭上双眼，时间回到1210年的除夕。那是一个风雨交加的夜晚，一间简陋的茅草屋里，烛光闪烁。床上躺着一位头发花白的老人，他真切地感到自己不久于人世。于是，他把儿子叫到床前，用微弱的声音嘱咐道："死去元知万事空，但悲不见九州同。王师北定中原日，家祭无忘告乃翁。"现在请大家睁开眼睛，刚刚在你们眼前浮现的那位老人，就是我们今天要了解的主人翁——陆游。接着介绍陆游生平、作品。

二、初读古诗

1.学生朗读，把诗读通顺。

2.师：这是一首几言诗？

生：七言诗。

师：请大家按照以往所学的七言诗节奏规律在书上将节奏划出来。复习古诗节奏。

3.再读古诗，掌握朗读节奏。

三、细读古诗，理解诗意

1.解题："示儿"是什么意思？（告诉儿子）

师：诗人此时是以什么身份告诉儿子？（父亲）诗中有个词语透露出这位父亲的年龄情况，你们能帮老师找出来吗？（死去）这个词说明了什么？（说明诗人年纪已经很大了，不久于人世。所以这首《示儿》相当于陆游对儿子的一份遗嘱。）

2.出示诗句：死去元知万事空，但悲不见九州同。

（1）学生质疑并提出不懂的、重点字词，师生共同解释字义。根据字义请一两个学生试着翻译诗句。

（2）小组合作学习。朗读全诗，讨论"死去元知万事空，但悲不见九州同"一句的意思，表达了作者什么样的思想感情和人生态度。教师听取小组汇报，同时总结。

3.出示诗句：王师北定中原日，家祭无忘告乃翁。

（1）学生质疑并提出不懂的重点字词，师生共同解释字义。根据字义请一两个学生试着翻译诗句。

（2）小组合作学习。

师：诗人看到王师收复中原了吗？这是诗人生前最大的遗愿。能不能用一个字概括这种渴望的心情？

生：盼。

师：诗人渴望有一天王师能够收复失地、统一祖国，所以他对儿子再三叮嘱"家祭无忘告乃翁"。这是诗人对儿子最后的嘱咐，我们应该如何表达？（强调语重心长）这两句诗表达了作者怎样的思想感情？（渴望收复失地、统一祖国的爱国之情。）

四、小结

诗人悲伤是因为看不到祖国统一，即使知道人死了什么都没有了，依旧渴望有一天朝廷的军队能收复失地、统一祖国。我们可以感受到诗人强烈的爱国之情。同学们，天下兴亡，匹夫有责；国富民强，少年有责。我们应该像诗人陆游那样心怀祖国、报效祖国。

五、布置作业

1.背诵并默写古诗《示儿》。

2.收集爱国诗句并摘抄。

3.阅读《少年中国说》片段，谈谈读后感。

《题临安邸》教学设计

教学目标

1.借助写作背景和作者介绍理解诗文深刻含义，体会诗中情感。

2.有感情地朗读古诗，激发学生阅读古诗词的兴趣。

教学重点

1.掌握本诗重点生字、词语。

2.通过反复朗读古诗，感悟诗歌表现的意境。

教学难点

引导学生正确查阅资料，并引导学生合理利用查阅的资料体会古诗更深层的含义。

教学过程

一、导入

1.师：我们生活在一个诗的国度，诗歌就像一颗颗璀璨的明珠闪耀在中华文学宝库的桂冠上。读诗能让我们跨越千年的阻隔，去触碰那一段不曾了解的历史。今天，让我们穿越历史去品读宋代诗人林升的爱国名作——《题临安邸》。

2.板书课题。

二、熟读古诗，了解大意

1.板书课题，并解题。

（1）板书课题。

（2）这是一首题壁诗。这种题壁诗在唐宋年间十分流行，诗人们在墙壁上留诗寄情，就好像今天的人们上网络发个帖子一样。一些客栈还专门设置 "诗板" 供旅客题诗。

（3）齐读课题。

2.熟读古诗。

指名朗读，要正确流利。

3.了解古诗大意。

（1）小组合作读古诗，共同研究，借助注释说说每句诗的意思。分配任务，每人讲解一句诗意。

（2）小组汇报学习成果。

（3）教师总结诗词大意：通过同学们的汇报，我了解到同学们现在已经具备了能够借助注释和预习工作了解诗词大意的能力。现在这首古诗我们已经读通、读懂了，接下来要做的是读透。

三、感悟爱国情怀

1.学习前两句诗。

师：古人写诗都爱由景入手，这首诗描写了哪些景物呢？

（1）体会 "山外青山楼外楼" 是怎样的景象。

师：重重叠叠的青山说明景美，上有天堂下有苏杭；重重叠叠的楼阁说明人多热闹，一片盛世繁华。

（2）体会 "西湖歌舞几时休" 所表达的情感。

师：就是在这样一个风景如画的繁华闹市中，作者面对西湖边上人们的轻歌曼舞，本应写 "西湖歌舞烟雨中" 或是 "西湖歌舞惹人醉"之类的溢美之词，可诗人笔锋一转却写了 "西湖歌舞几时休"。这里的"西湖歌舞" 仅仅是指歌舞吗？还有别的所指吗？下面我们就结合这首诗的写作背景去体会字词背后的深刻含义。

①教师出示多媒体资料。（北宋如何灭亡，南宋如何建立）

②让学生了解 "靖康之耻"，了解那段屈辱的历史。

③师：我们再去看看刚刚逃过一劫的南宋的统治者都在干什么。
（补充写作背景）

④请同学们设想一下作者此时的心情怎样。

（3）学生有感情地朗读。

2.学习后两句诗。

师：通过学习前两句诗，我们知道了古诗当中的有些字、词，不仅仅是表面上的意思，还有更深刻的含义。同学们，你们知道这两句诗中的哪些字、词，还有更深刻的含义呢？

（1）同桌互相讨论，并汇报。

（2）单独体会"熏""醉"的含义。

师：现在，同学们也能学着去体会文字背后的含义了。这句诗中用得最好的两个字是 "熏""醉"。（板书）"熏"字表面上是吹的意思，实际上是写从统治者到达官贵人，再到普通的游客间弥漫着一种浓浓的享乐之风，这是一种不良的社会风气，是一种深深的相互影响。"醉"不仅仅指陶醉、喝醉，醉酒的人终究会醒，而统治者和达官贵人们沉浸在歌舞的靡靡之音中，花天酒地，早已醉生梦死，根本就不愿醒来了。

师：如果说诗的前两句是写人们行为上的享乐，那么后两句就是写精神上的沉沦，这是一种自甘堕落。因此，诗人在最后一句中写道：简直把这避难所杭州，当作是老家汴州了。这是对统治者极大的辛辣的讽刺（板书）。

（3）体会诗人为什么要使用辛辣的讽刺来抒发情感。

3.总结：这首诗作者由热闹的歌舞写起，揭露了当时统治者和达官贵人们只顾享乐的社会现实，最后用辛辣的讽刺抒发心中的不满，借以表达自己忧国忧民的爱国情怀。现在我们已经将这首诗读通、读懂、读透了，在此过程中，写作背景和作者介绍帮了我们大忙。所以，我们必须结合写作背景与作者介绍来学习一首古诗。

四、拓展阅读南宋爱国诗词

五、布置作业

1.积累两首南宋的爱国诗词，并查阅写作背景及作者生平介绍。

2.背诵《题临安邸》。

后　记
POSTSCRIPT

　　本书作为高等院校小学教育专业的配套教辅资料，旨在对课堂教学进行适当延伸和补充，便于学生巩固所学，培养自主学习能力，加深对古代汉语基础知识的理解，并能将所学理论融入小学语文古诗文教学。因本书与授课所用的宋绍年主编的《古代汉语》（高等教育出版社 2012 年 8 月出版）配套使用，故文选篇目不另附原文，重点词汇不另外赘述注释。

　　将零星的教学心得集结成书，是件让人感怀的事，让人既高兴也纠结。高兴的是作为一名从教者，能在 11 年的教学工作中有体悟反思和总结，没有辜负时光和这份职业教书育人的特殊性；纠结的是，本书中仍有不足和需要完善之处。

　　提笔至此，不由想起 2008 年独自从东北来到云南大学读书的情景。报到的前一晚，下着淅淅沥沥的小雨，课文里总是这样渲染孤寂的气氛，让我在三三两两热络聊天的人群中显得游离。那时当自己是个来彩云之南的游客，谁又曾想到读书时候的同窗变成了现在的伴侣，毕业后扎根在了普洱，自己的他乡变成了女儿们的故乡。

在普洱学院的 11 年，收获了很多可爱的学生。学生们教师节的问候，让我体会到一个教师让人记住是件莫大幸福和有成就感的事。领导、同事们的关爱也让我在工作中得以快速成长。

本书得以出版，离不开云南大学出版社编辑们的悉心编校，借此机会深表感谢。希望本书的使用，可以优化课堂教学，更好地为古代汉语课程服务。

朱　蕊

2023 年 3 月